AI 챗GPT
디지털 예술가 되기

주혜정·김미경·강우리·홍한들 공저

머리말

'인생은 짧고 예술은 길다.' 이는 고대 그리스 의학자 히포크라테스가 남긴 말이다. 당시 예술은 의학과 기술를 포괄하는 용어로 예술가들이 자신의 전 생을 바친 후 남는 것은 불멸의 예술작품임을 의미한다. 그러나 생성형 AI의 등장으로 '짧은 예술, 긴 인생'이라는 새로운 패러다임이 생겨나고 있다. 무슨 말일까? 전문적인 기술과 지식, 많은 시간과 노력을 필요로 했던 기존의 예술 에서 인공지능 예술의 발전으로 이제 누구나 짧은 시간 동안 예술작품을 창 작하고, 그 결과를 통해 삶을 풍요롭게 만들 수 있는 시대가 되었다. 그러나 디지털 기술의 발전으로 형태와 방식이 변화했을 뿐 예술의 본질은 그대로이 다. 예술은 여전히 사람들의 감성을 자극하고 인간의 삶과 문화를 반영한다. AI는 인간만이 향유할 수 있는 예술의 새로운 도구로 아이디어를 구체화하 고, 새로운 시각적 표현을 확장시켜, 예술작품을 빠르게 반복하고 수정하는 데 도움을 준다. 이는 예술가가 창조적인 과정에 더 집중할 수 있게 해주며, 그 결과로 더 깊이있고 창의적인 작품을 만들 수 있게 한다. 또한 누구나 예술 가가 되어 AI도구를 활용하여 자신만의 작품을 만드는 경험을 할 수 있다.

저자는 디지털리터러시와 디지털문화예술교육 전문가로, 수년간 청소년부 터 시니어까지 디지털 소외계층이 문화예술을 쉽게 접근하도록 교육과정을 연구·설계하고 전시기획을 했다. 그 과정에서 예술경험이 긍정적으로 미치는 사회적 효과성에 대해 다채롭게 경험한 바 있다. 이 책을 통해 미술심리, 인공 지능 로봇, AI융합교육 등 예술과 기술을 융합한 전문가들과 함께 디지털아 트와 AI아트를 쉽게 경험하며 안목을 키울 수 있는 새로운 예술 세계로 안내 하고자 한다. 또한 인공지능 예술 창작과정에서 주요쟁점이 되는 저작권 문 제나 AI로 만든 작품의 독창성에 대한 대안도 함께 제시하고자 한다.

첫 번째 장에서는 NFT와 디지털 아트의 개념과 인공지능 저작권 등 인공지능이 예술 분야에 어떻게 활용되는지를 탐구한다.

두 번째 장에서는 온라인 미술관을 산책하며 동서양 예술사를 관람하고, 예술 안목을 높이는 방법에 대해 이야기한다. 나와 닮은 명화를 찾아보며, 자화상을 감상하고, 셀카로 자화상을 만들어내는 등 예술 경험을 할 수 있다.

세 번째 장에서는 전통 예술과 디지털 아트의 융합을 경험할 수 있다. 디지털 드로잉으로 사군자화를 그리거나 스마트폰으로 도자기를 빚고, 우리 전통문양과 단청 디자인, 채색 산수화를 AI로 디자인하는 과정을 경험하며 우리 전통예술에 대한 안목을 키우게 된다.

네 번째 장에서는 서양 예술의 고전과 생성형 AI 아트를 함께 다룬다. 반 고흐, 클림트, 칸딘스키, 샤갈, 피카소 등의 대표적인 화가들의 예술 화풍을 기가픽셀로 생생하게 감상하며, 생성형 AI 아트로 예술가가 되는 방법을 알아본다.

마지막 장에서는 디지털 아트로 굿즈를 만들어보며, 굿즈샵 크리에이터로 활동하는 방법, 그리고 NFT 마켓에 작품을 등록하는 방법을 알 수 있다. 이 책으로 인공지능을 도구로 사용하여 문화예술을 경험하고 인공지능을 이해하는 방식에 대한 새로운 시각을 얻는데 도움이 되기를 바란다.

저자대표 주혜정

목차

1장

인공지능과
예술의 만남

I-I NFT와 디지털 아트

2022년 6월, 손흥민이 실제 경기에서 착용했던 사인 유니폼이 KFA 자선 경매에서 650만 원에 낙찰된 적이 있다. 이 유니폼은 '손흥민의 경기 영상을 매일 5번씩 돌려 보는 열성팬'의 차지가 되었다. 팬에게 손흥민의 착용 유니폼은 수백만 개의 같은 유니폼이 있다고 하더라도 대체할 수 없는 고유의 가치를 가지고 있다. 바로 손흥민의 가치와 추억이 담긴 희소성이 있기 때문이다. 만약 손흥민 착용 유니폼이 NFT로 발행된다면 수많은 팬은 손흥민의 추억을 소유하고 싶어 할 것이다. 또한, 게임이나 메타버스 플랫폼에서 손흥민의 유니폼을 아이템으로 사용할 수 있다면 가상 세계이지만 팬들의 참여도와 몰입도는 시간이 갈수록 커지게 된다.

NFT는 무엇일까? Non Fungible Token의 준말로, 대체 불가능한 토큰이다. 고유성을 가져 대체할 수 없는 암호화된 디지털 인증서를 의미한다. 반면 FT^{Fungible Token}는 대체 가능한 토큰으로 현금과 동일한 가치의 비트코인과 같은 가상 자산을 말한다.

대체 불가능하다는 것은 어떤 의미일까? 이름이 같고 외모도 똑 닮은 사람이 있다고 생각해 보자. 둘은 분명 같은 사람처럼 보이지만, 주민등록번호가 있다면 다른 사람, 즉 서로 대체할 수 없는 고유한 존재임을 확인할 수 있다. 그렇다면 언제든지 복제가 가능한 디지털 세상에서는 고유성을 어떻게 증명할 수 있을까? 예를 들어 우리 집에 갓 태어난 강아지를 기념하기 위해 찍은 사진이 있다고 가정해 보자. 이 사진을 디지털 파일로 변환 후 NFT 마켓에 등록하면 디지털 증명서가 만들어진다. 이후에는 누가 만들었고 언제 어떤 사람이 사거나 팔았는지, 현재 소유권을 가진 사람은 누구인지 등의 정보가 암호화된 블록체인에 저장되어 위조가 불가능해진다. 이러한 과정을 토큰화 또는 NFT 발행이라 한다.

만약 NFT 강아지 사진 원본을 NFT 마켓에서 A가 구매한다면, 누군가 복사해서 공유된다고 하더라도 발행한 NFT 속 블록체인 기술로 소유권은 A에게 있다는 것을 증명할 수 있다. 우리가 명화 그림의 수많은 모작과 짝퉁 사이에서 진품을 구분하듯이 말이다.

NFT는 미술, 영상, 음악 같은 디지털 창작물과 스포츠, 부동산, 문화예술 등 다양한 분야에서 새로운 비즈니스를 창출할 것으로 기대를 모으고 있다. NFT를 사용하면 소유권이 투명하게 블록체인에 기록되기 때문에 복제나 공유가 이루어지더라도, 원본의 정품 인증은 쉽고 명확하게 할 수 있기 때문이다.

전 세계적으로 NFT 아트가 알려진 것은 비플^{Beeple}의 그림 경매 때문이다. 2021년 9월 당시 비플이 14년간 매일 그린 그림을 콜라주한 NFT 작품 <매일: 첫 5000일^{Everydas: The First 5000 Days}>이 낙찰가 6,930만 달러, 한화로 900억 원에 팔렸다. 비플의 본명은 '마이크 윈켈만'으로 예술 교육을 받은 적이 없지만, 매일 도전한 실험적인 디지털 아트로 NFT 미술 시장의 상징적인 인물로 평가받는 아티스트가 되었다.

출처: 비플(Beeple) ㅣ크리스티

[그림 1-1] 비플이 5000일 동안 매일 만든 디지털 아트를 콜라주한 작품,
<Everydas: The First 5000 Days>

이후 NFT 가치는 높아져 박물관과 미술관에서도 NFT 아트가 발행되기 시작했다. 대표적으로 오스트리아 벨베데레^{Belvedere} 미술관은 구스타프 클림트의「키스^{Kiss}」를 1만 개의 조각으로 발행했고, 시애틀에는 NFT 아트 전문 미술관 '시애틀 NFT 뮤지엄^{Seattle NFT Museum}'이 개관했다.

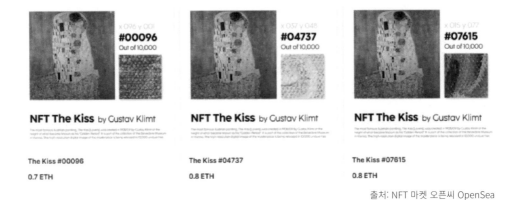

출처: NFT 마켓 오픈씨 OpenSea

[그림 1-2] 구스타프 클림트 <키스^{Kiss}>의 1만 개의 NFT 중

국내 대구 간송미술관에서는 국보 제70호《훈민정음해례본》을 1번부터 100번까지 고유번호를 붙여 100개 한정으로 NFT를 발행했고, 개당 1억 원에 판매했다.《훈민정음해례본》은 세종 28년[1446]에 만들어진 훈민정음 28자에 대한 자세한 해설과 예시가 담겨져 있다. 한글의 창제 배경과 목적, 제자 원리 등을 자세히 묶어 만든《훈민정음해례본》은 모두 33장 3부로 구성된 주석서이다.

I-2 AI In ART

인공지능이 그린 그림, 예술작품으로 인정해야 할까? 2022년 9월, 미국 콜로라도 박람회 미술전에서 신인 디지털 아티스트 부문 1위를 차지한 작품이 화제가 되었다. 이 작품은 <스페이스 오페라 극장>이라는 제목의 그림으로, 우주선과 우주 공간을 배경으로 한 환상적인 풍경을 담고 있다.

출처: 트위터

[그림 1-3] 미국 콜로라도 박람회 미술전 디지털 아트 분야 1위 수상 <스페이스 오페라 극장>

이 작품의 작가는 게임 디자이너인 제임스 앨런으로, "미드저니"라는 인공지능을 사용하여 그림을 그렸다. 앨런의 작품이 수상하자 미술계에서는 논란이 일었다. 예술 업계에서는 "사람의 손으로 그린 것이 아닌데 어떻게 예술작품이 될수 있느냐."라며 비난했다. 반면 다른 일부에서는 "인공지능을 이용한 그림도 디지털 아트의 한 형태로 인정해야 한다."라며 앨런을 옹호했다.

앨런은 인터뷰에서 "미드저니를 이용하여 그림을 완성하기까지 900번의 프롬프트 반복과 80시간 이상의 작업이 필요했다. …인공지능을 이용한 그림도 창의성과 노력이 필요하다."라고 말했다.

최근에는 앨런의 작품을 비롯하여 인공지능을 이용한 그림이 점차 늘어나고 있다. 인공지능은 기존의 예술가들이 표현하기 어려웠던 새로운 이미지를 창조할 수 있는 잠재력을 가지고 있다.

그렇다면 인공지능이 그린 그림은 예술작품으로 인정받을 수 있을까? 이 질문에 대한 정답은 아직 명확하지 않다. 그러나 인공지능을 이용한 그림이 예술의 새로운 가능성을 열어 주고 있다는 점은 분명하다.

I-3 AI 아트와 저작권

AI 기술이 발전하면서 예술 분야에도 큰 변화가 일어나고 있다. 특히 AI가 창작한 작품의 저작권에 대한 논의가 뜨겁다. 2016년에 네덜란드의 광고회사 제이 월터 톰슨은 '넥스트 렘브란트'라는 AI를 개발하였다. 이 AI는 렘브란트의 그림 346점을 분석하여 렘브란트의 예술 화풍을 모방한 새로운 작품을 창작하였다. 이 작업에는 데이터 분석가, AI 개발자, 그리고 미술가가 함께 참여하였다. '넥스트 렘브란트'의 작품은 렘브란트의 화풍을 정확하게 재현하여 전문가들로부터 높은 평가를 받았다.

아래의 '넥스트 렘브란트' 작품은 "수염이 있고 검은 옷을 입은 30대 백인 남성을 그려 달라"는 명령어와 3D 프린팅 기술로 그림의 질감, 붓 터치까지 표현하여 18개월간 완성한 작품이다. 작품을 본 전문가는 '350년 전 죽은 화가의 부활'이라 생각될 만큼 렘브란트의 그림 화풍을 그대로 재현했다고 평가했다. 이 그림의 저작권자는 누구일까? 당시 학계에서는 렘브란트의 그림을 재현한 넥스트 렘브란트 AI에 저작권을 부여해야 하는지, 프로젝트의 기획자에게 부여해야 하는지 의견이 분분했지만, 결론을 내리지 못했다.

출처: next Rembrandt

[그림 1-4] AI와 3D 프린터로 탄생한 넥스트 렘브란트

AI가 창작한 예술작품을 인간의 예술작품과 동등하게 봐야 하는가, 아니면 AI를 단순히 저작 도구로만 볼 것인가에 대한 결정이 필요하다. 이 결정은 AI 예술의 미래에 큰 영향을 미칠 것이다. 현재는 한국을 포함한 미국, 유럽, 호주 등 대부분 국가에서 인간이 창작한 작품만이 저작권을 보유할 수 있다.

그러나 미국 저작권청은 AI가 생성한 이미지에 대해서도 저작권을 인정할 수 있다고 발표하였다. 다만 AI와 함께 창작한 작품에 인간의 창의적 노력이 포함되어 있어야 한다.

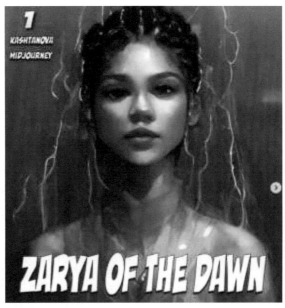

[그림 1-5] 크리스 카쉬타노바. '미드저니'로 만든 만화 <새벽의 자리야>

실제 미국에서는 미드저니를 활용해 만든 만화 <새벽의 자리아>라는 작품이 미국 저작권청USCO에서 저작권을 인정받았다가 뒤늦게 재심 대상에 올라 논란이 되기도 했다. 18쪽 분량의 이 만화는 재심 결과 만화 속 삽화 제작 과정에서 미드저니에서 프롬프트 입력만으로 생성한 그림은 작가의 창작성이 결여되었다고 판단하고 기존 등록을 취소하고 새로 등록증을 발급했다.

단 실제 창작에 기여한 부분인 ① 텍스트문학작품, ② AI로 생성된 그림을 선택, 배열 및 조정한 것편집 저작물에 대한 것만 인정하고 AI 산출물그림은 제외했다.

최근에는 우리나라에서도 문화체육관광부와 한국저작권위원회가 《생성형 AI 저작권 안내서》를 발행했다. 이 안내서는 2023년 12월에 나왔는데, AI를 활용한 인간의 창작물에서 발생하는 저작권 문제를 다루고 있다. AI가 만들어 내는 콘텐츠의 저작권 문제와, AI가 학습하고 생성하는 과정에서 발생할 수 있는 권리문제를 살펴본다. 이 안내서의 목적은 AI 사업자, 저작권자, 그리고 AI 이용자와 같이 이 문제에 관련된 모든 사람에게 저작권과 관련해 주의해야 할 점들을 알려준다.

《생성형 AI 저작권 안내서》는 최종적인 결론이나 규정을 제시하는 것이 아니라, 앞으로 변경될 수 있는 저작권 관련 법률을 반영해 계속 업데이트될 예정이며 이 과정에서 사업자들의 의견도 충분히 들어볼 계획이라고 전했다.

핵심 내용 중 필자가 주목할 만한 부분은 'AI 산출물과 저작권 등록'에 관한 내용이다. 기본적으로 AI가 만든 작품은 저작권을 인정받지 못하지만, 사람이 수정하거나 편집하는 등 창작에 기여한 부분에 대해서는 저작권을 인정할 수 있다는 내용이다.

주문	주요 내용
AI 사업자에 대한 안내	·AI학습과정에서 저작물을 이용하는 것을 현행 저작권법상 개별적 저작재산권 제한사유로 규정하지 않음(공정이용 관련 아직 국내외 확립 사례 없음) ·AI 사업자는 가급적 저작권자로 부터 사전에 적법한 이용권한을 확보하거나 저작물의 이용 목적 등을 구체적으로 명시하여 계약을 체결하여 분쟁 발생 가능성 방지 필요 ·AI 산출물의 저작권 침해 여부는 법원이 최종판단할 사항이나, 필터링 조치 등을 통해 저작권 침해 방지 조치 필요 ·국내외에서는 인간 창작물과 AI생성물 구분 별도 표시 방안 논의 중이므로, AI사업자도 관련 기술 개발 등 필요
저작권자에 대한 안내	·저작권자는 자신의 저작물이 AI학습에 이용되는 것을 원하지 않을 시 약관규정명시, 로봇배제표준 적용 등을 통해 사전조치를 취하는 것이 적절 ·최근에는 저작물이 이미 AI학습에 이용되었더라도 유사 산출물 도출 방지 기술 등장 중
이용자에 대한 안내	·이용자는 원하는 AI산출물을 만드는 과정에서 타인의 저작권을 침해하거나 침해유도를 하지 않도록 유의 ·저작권 침해는 텍스트, 이미지, 영상, 음악 등 여러 방면에 나타날 수 있음 ·학술지 및 공모전 등에서는 해당 행사의 생성형 AI 관련 정책, 가이드라인을 확인하고, AI 산출물을 활용할 시 출처 기재 필요
AI 산출물과 저작권 등록	·현행 저작권법상 AI 산출물의 저작물성 월칙적 불안정 ·AI산출물에 대해 수정, 증감 또는 편집, 배열 등 작업을 통해 인간의 창작성 부가 시 해당 부분에 대해 저작물성 인정 가능 ·인간의 추가작업에 대해 저작권 등록 시 관련 저작물 내용을 상세히 기재하여야하며, 위원회는 최소한의 저작물성 심사를 거쳐 저작권 등록 여부 결정 ·AI산출물 선택 및 배열 등에 대해 침착성 있을 시 편집저작물로 등록 가능

출처:《생성형 AI 저작권 안내서》의 주요 내용

예로 [그림1-7]의 왼쪽은 (주)이티랩에서 진행한 'AI 아트 교육과정' 중 교육생이 구스타프 클림트의 《아델레 바우어의 초상》을 자신만의 창의력으로 직접 패턴과 컬러링으로 오마주한 작품으로 [그림1-8]은 인공지능으로 배경을 더해 완성한 것이다. 이런 경우 오마주 작품으로 재탄생시킨 창작 영역은 저작물로 인정이 된다는 것이다. 인공지능을 도구로 활용하는 인간 지능의 창작 능력이 새로운 예술 장르로 발전한다는 점에서 꽤 긍정적으로 보인다. 참고로 구스타프 클림트의 <아델레 바우어의 초상> 그림은 클림트가 1907년 그린 그림으로 사망 이후 70년의 저작권 보호 기간이 지나 저작권이 소멸되어 누구나 사용이 가능하다.

출처: 노이에 갤러리, 미국 뉴욕

[그림 1-6] 구스타브 클림트, <아델레 블로흐-바우어의 초상Ⅰ, Portrait of Adele Bloch-Bauer Ⅰ>

[그림 1-7] 구스타프 클림트의
<아델레 바우어의 초상>을
새롭게 모방하여 그린 그림

[그림 1-8] 달리2에 업로드한 후 배경을 지우고
"숲의 정령 분위기의 배경을 그려 줘"
프롬프트를 입력하여 완성한 이미지

사진기가 발명되었을 때 예술계에 위협이 될 거라는 우려가 있었지만, 실제로는 오히려 사실주의적인 전통 회화 기법에서 벗어나 색채와 질감, 빛에 초점을 두어 자유롭게 표현하는 인상파의 출현으로 발전하는 계기가 되었다. 이에 따라 우리는 지금 모네, 마네, 고흐와 같은 인상주의 화가들의 아름다운 작품을 감상할 수 있는지도 모른다. 또한, 사진 분야는 그림과 별개로 하나의 예술 장르로서 미디어 아트와 비디오 아트로 자리 잡게 되었다. 이처럼 새로운 기술의 등장은 혼란을 야기하지만 새로운 시대를 열어간다.

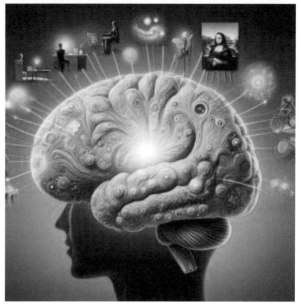

출처: Copilot Designer

[그림 1-9] 예술작품을 감상할 때 일어나는 뇌 구조

우리가 예술작품을 감상하면 뇌는 어떤 반응을 하게 될까? 그림을 감상하는 행위는 우리 뇌에 신기한 변화를 가져온다. 먼저 눈으로 그림을 보면 뇌의 시각 중추가 활발해지고 그림의 색상이나 형태, 선, 그림자를 인식하게 된다. 그다음 뇌가 그림의 의미를 파악하려고 그림 속에 담긴 이야기나 감정을 이해하려고 해석 기능을 작동하게 된다.

예를 들어 레오나르도 다빈치의 <모나리자>를 감상하는 과정을 살펴보자. <모나리자>는 그림 속 모나리자의 미소에서 느껴지는 신비함으로 세계에서 가장 유명한 그림 중 하나이다.

<모나리자>의 미소를 보며 우리의 시각적 인식은 활성화되고, 그녀의 미소가

어떤 의미를 가지고 있는지 이해하려고 노력하면서 뇌의 해석 기능이 작동한다. 또한, 그녀의 미소에 대한 반응을 조절하고 그녀의 미소가 어떤 감정을 표현하고 있는지 추론하게 된다.

또한, 고흐의 <별이 빛나는 밤> 같은 작품은 우리의 감정을 자극하고 창의력을 향상하는 좋은 예이다. 고흐가 표현한 강렬한 색상과 감정적인 붓질은 우리에게 강한 감동을 주며, 고흐가 그림을 통해 전달하려고 했던 메시지를 이해하려는 노력은 우리의 창의적 사고력을 높여 준다. 예술작품을 감상하면서 느끼는 감동이나 즐거움이 뇌를 긍정적으로 바꿔 주고, 이런 감정들이 뇌에서 행복 호르몬인 도파민을 분비하게 만들며 긍정적인 영향으로 삶의 질을 높여 준다. 이러한 과정이 반복되면 자연히 예술 안목이 높아진다. 안목의 사전적 의미는 "사물의 좋고 나쁨 또는 진위^{眞僞}나 가치를 분별하는 능력"이라고 정의한다. 즉 경험과 배움을 바탕으로 가치 있는 것, 아름다운 것을 가려내는 능력을 뜻하는 것으로 세상을 새롭게 바라보는 관점을 의미하기도 한다.

 구글 아트앤컬처는 전 세계 80개국 2,000곳 이상의 문화 기관에서 보유하고 있는 귀중한 유산과 이야기, 지식을 경험할 수 온라인 미술관이다. 세계의 예술, 역사, 인물들을 만나보고 가상현실 투어와 아트 셀피도 체험할 수 있다.

구글 아트앤컬처_{Google Arts & Culture, 과거 명칭: 구글 아트 프로젝트/Google Art Project}는 구글과 파트너 관계인 세계 미술관이나 갤러리의 소유 작품을 온라인에서 고해상도로 감상할 수 있도록 만든 문화예술 프로젝트이다. 2012년 기준으로 40개국 151개 미술관이 참여하고 있으며 3만 점 이상의 작품이 등록되어 있다.

특히 그림을 고해상도로 감상할 수 있는 구글 아트앤컬처의 기가픽셀 기능은 예술작품을 아주 선명하게 보여 주는 매력적인 기능으로 작품의 질감, 색상 그리고 예술가의 화풍을 더욱 잘 이해하고 즐길 수 있도록 한다. 이런 예술 경험은 단순히 작품을 감상하는 것 이상으로, 예술에 대해 더 깊이 이해하고 새로운 시각을 얻는 데 큰 도움이 된다. 구글 아트앤컬처에서 전 세계의 미술관, 박물관을 여행하듯 생생하게 감상하며 예술에 대한 안목을 높여 보자.

출처: 구글 아트앤컬처 공식 유튜브

[그림 1-10] 구글 아트앤컬처의 아트 카메라로 촬영한 반 고흐 초상화 작품을 기가픽셀로 감상하는 과정
Meet the Art Camera by the Google Cultural Institute at Museum Boijmans Van Beuningen

2장

안목을 높여 주는
온라인 미술관 산책

2-1 나와 닮은 명화 자화상, 아트 셀피 구글 아트앤컬처

'아트 셀피^Art Selfie'는 앞서 소개한 구글 아트앤컬처의 기능으로, 얼굴을 촬영하면 나와 닮은 예술작품을 찾아 주는 인공지능이다. 아트 셀피의 원리는 역사 속 자화상 작품을 데이터로 활용하여 AI 얼굴 인식 기능으로 셀카 인물과 닮은 자화상을 찾아 준다. 아트 셀피의 문화적 가치는 현대인들이 자신의 아름다움과 자아 표현을 예술과 문화에 대한 관심으로 연결하는 데에 있다.

출처: 구글 The Keyword

[그림 2-1] 구글 아트앤컬처 속 초상화 데이터

셀피^Selfie는 스마트폰이나 기타 디지털 기기를 사용하여 자기 얼굴을 찍는 셀카 사진을 소셜미디어를 통해 공유하는 행위를 말한다. 이는 빠르고 쉽게 자신을 표현하고, 더욱 아름답고 멋지게 보이고자 하는 욕망에서 온 문화 현상이다.

실제 구글에서 2018년 아트 셀피 기능을 처음 공개했을 당시 페이스북과 트위터, 인스타그램에서 할리우드 배우와 유명인들까지 아트 셀피를 경험한 결과를 공유하면서 큰 화제를 일으켰다. 그러나 아시안이나 흑인의 얼굴을 인식하지 못하거나 닮은 초상화와의 매칭률이 낮은 문제점이 있었다. 왜일까?

바로 수많은 초상화 그림 데이터로 사람의 얼굴을 학습할 때, 백인 남성 위주의 그림 데이터로 학습했기 때문이다. 이는 초기에 미국이나 유럽 미술관의 초상화 데이터로만 국한되어 있어 인종차별과 AI 편향성에 대한 문제점으로 확산하였다.

출처: 아트 셀피

[그림 2-2] 사용자들이 인스타그램에 올린 결과물

이러한 논란에 구글은 다양한 인종의 자화상 예술작품을 디지털로 기록하여 문화 다양성을 반영하고 발전시키고 있다. 아트 셀피처럼 예술과 기술의 융합을 통해 우리는 자기 모습과 예술작품 사이의 유대감을 느끼고, 예술과 문화의 가치를 더욱 폭넓게 이해할 수 있다. 그렇다면 현재는 아시아인과 닮은 초상화가 얼마나 많아졌을까? 아트 셀피를 체험하며 나와 닮은 초상화를 감상해 보자.

1단계. 구글 아트앤컬처 설치 및 실행하기

1) 구글 플레이스토어에서 **1** 아트앤컬처를 검색하고, 앱을 설치한다.

2) 구글 아트앤컬처 앱을 실행하여 아래 **2** 재생 메뉴를 터치한다.

3) **3** Art Selfie를 찾아 터치한다.

3) 다음과 같은 화면이 뜨고 **4** 시작하기를 누르면, 아트 셀피가 실행된다.

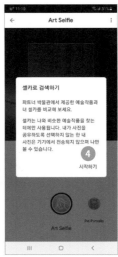

2단계. 나의 셀카 찍고 '나와 닮은 초상화' 확인하기

1) 카메라 화면을 확인하고 ① Art Selfie 버튼을 누르면 셀카 사진이 찍히고, 인공지능이 잠시 동안 나의 얼굴을 인식한다.
2) 결과가 나오면 화면을 넘기며 나와 닮은 여러 장의 초상화를 확인할 수 있다.
3) ② 작품을 터치하여 더 자세히 감상할 수 있다.
4) ③ 촬영을 다시 하거나, ④ 사진을 내 스마트폰 기기에 저장할 수 있고, ⑤ 사진을 공유할 수 있다.

 내가 찍은 셀카와 닮은 초상화와의 매칭률이 가장 높은 그림이 마음에 들었다. 인공지능이 가장 닮았다고 추천한 초상화는 과거에 존재한 도플갱어처럼 이목구비가 유사한 구석이 많았다. 작품을 터치하면 자화상 작품의 설명을 보며 더 자세한 감상이 가능하다.

2-2 동·서양 자화상 감상하기

❶ 동양 초상화의 특징

세밀한 화려함, 중국 초상화

 중국 초상화는 옷과 장신구, 배경에 놓인 가구를 자세하게 묘사하여 동아시아 초상화 가운데 가장 화려함을 보여 준다. 17세기와 18세기 사이에 그려진 강희제 초상화는 황제의 권력과 권위를 전달하는 상징적 요소를 자세히 표현하여 다양한 포즈와 배경으로 황제를 묘사한다. 강희제 초상화의 배경은 주로 황제의 궁중이나 왕실의 환경으로 나타낸다. 지위와 권력을 상징적으로 보여 주며, 중국 고대 왕실의 화려한 문화와 예술적인 면모를 강조한다.

출처: 위키백과

[그림 2-3] <강희제 초상화>,
작자 미상, 중국 17~18세기 초

출처: 서울시립미술관

[그림 2-4] <왕씨선세초상>,
작자 미상, 중국 청말~20세기 초

또한, 여러 세대의 가족들이 한자리에 모여 있는 모습을 그린 <왕씨선세초상^汪_{氏先世肖像}>은 남자 7명과 여자 8명을 한꺼번에 그린 집단 초상화로 가문을 알리고 한 장에 여러 명을 담아 경제적 부담도 줄일 수 있어 크게 유행했다고 한다. 이런 집단 초상화인 선세초상은 중국만의 독특한 초상화 형식으로 주목된다.

극적인 변형과 과장, 일본 초상화

일본 초상화는 인물의 기질이나 신분을 표현하기 위해 극적인 변형과 과장을 묘사하는 것이 특징이다.

출처: Asian Art Museum, 샌프란시스코

[그림 2-5] <도요토미 히데요시 초상화>, 사이쇼 죠타이, 일본 1548~1607.

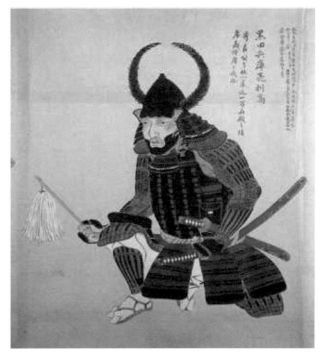

출처: 일본 후쿠오카시박물관

[그림 2-6] <이십사신지상 기무라슈신>, 일본 에도시대, 1808년 종이 채색.

16세기 후반에 일본을 통치한 막강한 봉건 영주이자 군사 지도자인 도요토미 히데요시의 초상화가 이러한 양식의 대표적인 예이다. 도요토미 히데요시의 초상화는 감정과 강렬함, 그리고 힘과 권위를 전달하기 위해 과장과 변형의 사용을 강조하는 일본 초상화 그림의 극적이고 양식화된 스타일의 대표적인 예이다. 히데요시의 초상화는 또한 질감과 깊이를 만들기 위해 먹과 붓을 사용하는 것과 벚꽃이나 떠오르는 태양과 같은 전통적인 일본 모티프와 상징을 통합하는 것과 같은 일본 초상화 그림의 다른 특징적인 요소를 특징으로 한다.

단아한 품격, 한국 초상화

우리나라의 초상화는 형식은 단순하지만, 사실주의와 표현의 균형을 추구한 단아한 품격이 특징이다. 신체적인 특징을 정확하게 포착하는 것을 중요하게 여겨, 꾸미지 않은 있는 사실 그대로의 모습을 표현하면서도 해당 인물의 고유한 개성과 특징을 표현했다.

출처: 한국데이터산업진흥원

[그림 2-7] <자화상>, 윤두서 초상화, 한국 조선 18세기, 개인 소장, 국보 240호.

출처: 국립민속박물관

[그림 2-8] <조씨 삼형제>, 조계 趙啓, 1740~1813, 조두 趙蚪, 1753~1810, 조강 趙岡, 1755~1811 삼형제의 우애가 엿보이는 초상화, 보물 제1478호.

기품이 있는 한국 초상화는 섬세한 선과 세련된 필치, 절제된 색채가 특징이다. 한국 초상화 중 윤두서 <자화상>과 <조씨 삼형제> 작품은 각각 우리나라 국보와 보물로 지정된 대표 작품이다. 특히 윤두서는 조선에 등장한 첫 사실주의 화가인데, 사실주의는 보이는 것을 그대로 담은 화풍을 말한다. 두 자화상은 구글 아트앤컬처에서 기가픽셀로 생생하게 감상할 수 있다.

구글 아트앤컬처에서는 기가픽셀이라는 사진 기술을 활용해 작품을 촬영한다. 기가픽셀은 초고해상도 '아트 카메라'로 촬영된 이미지로 몇백 년 전 작품의 세밀한 붓 터치까지 확인할 수 있다.

먼저 윤두서의 <자화상>을 기가픽셀로 생생하게 감상해 보자.

1단계, 구글 아트앤컬처에서 윤두서 〈자화상〉 검색하기

1) 구글 아트앤컬처 앱을 실행하여 아래 ❶ **검색** 메뉴를 터치한다.

2) 검색어 ❷ **윤두서**를 입력한 후 아래 ❸ **윤두서 주제**를 터치한다.

3) 검색 결과 아래의 윤두서의 작품 중 ❹ **자화상 그림**을 터치한다.

2단계. 윤두서 〈자화상〉 기가픽셀로 생생하게 감상하기

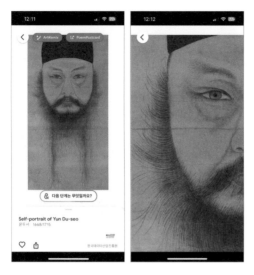

윤두서의 〈자화상〉 그림을 두 손가락으로 확대하면 기가픽셀로 그림을 자세히 관찰할 수 있다.

얼굴의 사실적인 묘사가 인상적이다. 윤두서의 얼굴은 매우 입체적으로 표현되어 있으며, 그의 개성과 내면을 생생하게 드러내고 있다. 정면을 바라보는 시선이 강렬하여 마치 그림을 감상하는 사람을 정면으로 응시하고 있는 느낌을 준다. 또한, 수염의 표현이 독특하다. 수염은 마치 불꽃처럼 활활 타오르는 듯 세밀하게 묘사되어 인물의 내면 힘과 열정을 표현하고 있다.

윤두서의 〈자화상〉은 조선 후기의 문인 화가인 윤두서 본인이 그린 것으로, 국보 제240호로 지정되어 있다. 2013년 영화 〈관상〉의 주인공 김내경^{송강호 분}의 포스터가 윤두서의 자화상을 오마주하여 화제가 된 적이 있다. 영화 속 주인공 내경은 상대방의 얼굴을 보면 내면을 꿰뚫어 보는 뛰어난 관상가로서 재주를 갖고 있다.

[그림 2-9] 윤두서의 〈자화상〉

조선 시대 윤두서와 포스터 속의 내경^{송강호}는 생김새부터 분위기마저 닮아 있다. 윤두서의 친구 이하곤은 그림에 "6척도 되지 않는 몸으로 사해를 초월하려는 뜻이 담겼다. 긴 수염이 나부끼는 얼굴은 윤택하고 붉다. 바라보는 이는 그를 선인이나 검객으로 의심할 수 있다. 하지만 진실로 자신을 낮추고 양보하는 풍모는 무릇 돈독한 군자로서 부끄러움이 없다."라는 감상평을 썼다.

윤두서의 <자화상>과 같은 방법으로 <조씨 삼형제> 초상화도 감상해 보자. <조씨 삼형제>는 18세기 말 조선 시대의 초상화로, 국립민속박물관에 소장되어 있다. 조선 시대 초상화는 대부분 한 사람만 그려 넣는데, 세 사람을 집단으로 넣은 희귀한 형식으로 의의가 있다. 이 초상화는 평양 조씨 승지공과 후손인 세 형제를 하나의 화폭에 그린 작품이다. 세 형제는 조계^{1740~1813}, 조두^{1753~1810}, 조강 ^{1755~1811}으로 모두 검은색의 오사모에 담홍색 시복을 입고 있는데, 맏형은 학정금대를, 두 아우는 각대를 두르고 있다. 담홍색은 조선 시대에 관리들이 일상적인 공무를 볼 때 입었던 집무복이다. 그림 속 의복에서 모두 관직에 나아가 중요한 벼슬을 했다는 것을 알 수 있다. 맏형인 조계는 삼도통제사를 지냈고, 둘째인 조두는 선천부사를 지낸 뒤 병조판서로 추증^{追贈}된다. 막내인 조강은 삭주부사 광주중군을 지내고 병조판서로 추증된다.

구글 아트앤컬처로 세밀하게 감상해 보자. 한 올 한 올 사진을 찍은 듯이 세밀하게 묘사한 수염과 나이를 가늠할 수 있는 검버섯, 미세한 주름까지도 사실주의로 꾸밈없이 묘사한 그림이 인상적이다. 그림 속 세 형제의 위치, 수염의 숱과 흰색 수염을 관찰하여 장남, 둘째, 셋째는 각각 누구인지 가늠하며 감상해 보자.

1단계. 구글 아트앤컬처에서 '조씨 삼형제' 검색하기

1) 구글 아트앤컬처 앱을 실행하여 아래 ① 검색 메뉴를 터치한다.

2) 검색어 ② 조씨 삼형제를 입력한 후 아래 ③ 조씨 삼형제 검색을 터치한다.

3) 검색 결과 중 ④ 온라인 전시회 조씨 삼형제 초상을 터치한다.

4) 조씨 삼형제 초상 온라인 전시 화면에서 ⑤ 아래 화살표를 누르면 자세히
   감상할 수 있다.

2단계. 〈조씨 삼형제〉 초상화 기가픽셀로 생생하게 감상하기

1) ❶ 온라인 전시 화면에서 아래쪽을 스크롤하면 구글 아트앤컬처에서 제공하는 그림에 대한 스토리와 함께 감상할 수 있다.

2) 왼쪽 위의 ❷ ⓘ를 터치하면 작품 상세 페이지로 이동하여 기가픽셀로 감상할 수 있다.

3) ❸ 두 손가락으로 확대하면 기가픽셀로 그림을 자세히 관찰할 수 있다.

2 서양 초상화의 특징

서양화의 인물화는 주로 인물의 얼굴과 상체에 초점을 맞추는 경우가 많으며 고전주의, 사실주의, 인상주의, 추상화 등 다양한 양식과 예술적 표현으로 묘사되었다. 서양 초상화는 모델의 외모와 개성을 표현하는 동시에 성격 또는 지위를 전달하는 예술작품이다. 이는 얼굴 특징의 사실적인 표현, 세밀함에 대한 주의,

깊이와 질감을 만들기 위한 빛과 그림자를 사용하여 표현되었다. 아래 서양 초상화 '모나리자'와 '나폴레옹', '렘트란트의 자화상'을 구글 아트앤컬처 앱을 통해 검색하거나, 제시한 QR코드를 스마트폰으로 스캔하여 생생하게 감상해 보자.

세계에서 가장 유명한 초상화 <모나리자>

레오나르도 다빈치의 <모나리자>는 고전주의 예술의 걸작이자 세계에서 가장 유명한 그림 중 하나로 현재 프랑스 파리에 위치한 루브르 박물관에 전시되어 있다. Mona유부녀를 뜻하는 이탈리아어와 Lisa이름이 합쳐진 이름의 <모나리자> 그림은 16세기 초에 그려졌으며, 부유한 피렌체 상인의 아내인 리사 게라르디니로 추정되는 여성을 묘사하고 있다.

사람들이 모나리자의 그림을 특별하게 여기는 것은 바로 신비한 미소에 있다. 모나리자는 슬픈 사람이 보면 우는 것처럼 보이고, 기쁜 사람이 보면 웃는 것처럼 보인다고 한다. 이렇게 신비한 미소는 '스푸마토 기법'으로 표현한 것인데, 스푸마토는 이탈리아어로 '연기가 자욱한'이라는 뜻이다. 모나리자의 얼굴을 잘 살펴보면 선이 없는데, 이름 그대로 연기처럼 흐릿하고 사라지는 느낌을 표현했기 때문이다.

출처: Rmn-Grand Palais

[그림 2-10] <모나리자>,
레오나르도 다빈치 작[1801]

출처: 구글 아트앤컬처

기가픽셀로 감상하기

나폴레옹을 바라본 화가의 시선

나폴레옹의 초상화는 같은 주제이지만 화가의 관점에 따라 매우 다르게 묘사되었다. 나폴레옹이 말을 타고 알프스를 넘는 모습을 좌측 첫 번째의 '고전주의' 화가 자끄 루이 다비드는 나폴레옹의 웅장한 행진과 영웅성을 강조해서 실물보다 더 크게 묘사했고, 가운데 '사실주의' 화가 폴 드라로슈는 장엄한 말이 아닌 당나귀를 타고 있는 나폴레옹의 사실적인 모습을 묘사했다.

출처: Belvedere Vienna,
오스트리아

[그림 2-11] <알프스산맥을 넘는 나
폴레옹>, 자끄 루이 다비드 작[1801]

출처: 구글 아트앤컬처

기가픽셀로 감상하기

자끄 루이 다비드는 정치 성향이 강한 고전주의 화가로 사실을 묘사하기보다 나폴레옹이 알프스를 넘는 모습을 영웅적 면모를 강조하여 묘사했다.

출처: Walker Art Gallery, Liverpool, 영국

[그림 2-12] <알프스산맥을 넘는 나
폴레옹>, 자끄 루이 다비드 작[1850]

출처: 구글 아트앤컬처

기가픽셀로 감상하기

폴 들라로슈는 사실적이고 세밀한 묘사로 영국과 프랑스 역사의 주제를 묘사한 화가로 유명하다.

전쟁으로 인해 지쳐 있는 나폴레옹의 표정과 백마가 아닌 노새를 타고 알프스 산맥을 넘는 모습의 인간적인 면모를 묘사했다.

인생을 자화상으로 기록한 렘브란트

서양의 대가들은 자화상을 많이 그렸다. 그중 '빛의 화가'로 불리는 인상주의 화가 렘브란트는 자화상 100여 점을 그려 미술사에서 가장 많은 자화상을 그렸다. 렘브란트는 자신의 패기 어린 20대 초부터 60대 초라한 모습까지 오랜 생애 동안 자신만의 예술혼을 발휘하여 사실적이며 인간적인 모습을 자유롭게 그렸다. 렘브란트 화가의 자화상을 시간의 흐름으로 우측 QR코드를 통해 구글 아트앤컬처에서 감상해 보자.

렘브란트 작품
감상하기

1) 20대 렘브란트
자화상(1628)

2) 20대 렘브란트
자화상(1629)

3) 20대 렘브란트
자화상(1634)

4) 20대 렘브란트
자화상(1634)

5) 30대 렘브란트
자화상(1640)

6) 40대 렘브란트
자화상

7) 50대 렘브란트
자화상(1659)

8) 60대 렘브란트
자화상(1669)

렘브란트는 '임파스토 impasto'라는 기법의 인물 초상화를 그린 것으로 유명하다. 임파스토 기법은 캔버스 위에 직접 튜브를 짜 물감을 쌓아 올려 두텁게 덧바르는 유화 기법이다. 렘브란트는 '빛의 화가'라는 명성답게 현대 사진이나 영화에 '렘브란트 조명'이라는 용어가 있을 정도로 빛과 어둠의 밝기로 내면을 생생하게 표현했다.

렘브란트의 20대는 암스테르담에서 화가로서 대단했다. 이 시기의 자화상은 그의 젊음과 자신감이 잘 드러나 있다. 그림 속 렘브란트는 화려한 옷을 입고 당당한 자세를 취하고 있다. 30대에 접어들면서 렘브란트는 그의 작품에서 더 깊은 내면을 표현하기 시작했는데, 자화상 속 얼굴은 더 성숙하고 진지한 표정을 짓고 있다. 이 시기부터 렘브란트는 자기 내면을 탐구하기 위해 다양한 표현 기법을 시도했다.

40대에 접어들면서 렘브란트는 아내가 사망하고, 사업이 실패하는 등 삶의 고난을 겪는다. 이 시기의 자화상은 그의 고뇌와 불안이 잘 드러나 있다. 어두운 배경과 쓸쓸한 표정을 통해 자기 내면을 표현했다. 그의 50대에는 예술적 성숙기에 접어들었다. 그의 자화상은 더 깊은 통찰력과 감성을 보여 준다. 자신의 노화와 죽음에 대해 깊이 성찰하는 모습을 보여 주었다. 60대에는 19세기 유럽에서 예술에 관한 관심이 높아지면서 예술적 명성을 다시 얻었다. 그래서인지 그의 자화상은 평온하고 여유로운 분위기를 보여 주며 자기 삶에 대한 성찰과 깨달음을 표현했다.

이처럼 렘브란트는 자신의 인생을 젊음과 성숙, 고뇌와 불안, 노화와 죽음 등 인생의 희로애락을 자신의 자화상을 통해 기록했다.

셀카로 자화상 만들기

셀카는 사진을 찍는 순간의 표정과 외모로 감정을 표현한다. 자화상과는 어떻게 다를까? 앞서 감상한 동서양의 자화상 특징에서 볼 수 있듯이 자화상은 인물의 내면과 세계관을 표현하는 것이 특징이다. 스마트폰으로 지금 순간의 감정을 셀카로 찍고, 픽스아트^{Picsart} 앱으로 손쉽게 자화상 작품으로 표현해 보자.

픽스아트(Picsart) 앱
전문가 수준의 콜라주 및 디자인 제작, 스티커 추가, 배경 제거 및 효과 등의 작업을 비롯해 셀카, 레트로 같은 트랜디한 편집 작업을 직접 경험해 볼 수 있고, 최근에는 생성형 AI 기반 사진도 간단하게 제작할 수 있다.

1) 픽스아트 앱을 실행하여 **1** **+모두 보기** 버튼을 터치한다.
2) 내 스마트폰의 **2** 갤러리 사진 중 원하는 셀카 사진을 터치한다.
3) 아래 메뉴 중 **3** **fx효과 > 매직** 버튼을 터치한다. (예시는 feast 효과를 적용하였다.)
4) 이미 적용한 효과 버튼을 한 번 더 눌러 **4** **효과의 강도를 조절**하여 작품을 완성한 후 **5** **저장**한다.

[그림 2-13] 셀카 사진을 픽스아트 앱의 예술 효과로 만든 자화상 작품들

셀카로 AI 프로필 만들기

요즘은 디지털과 AI 기술의 발전으로 셀카의 전성기다. 특히 스마트폰 셀카로 스튜디오에서 찍는 것만큼 잘생기고 예쁜 프로필 사진을 얻을 수 있는 'AI 프로필 사진'이 인기다. 대표적으로 '스노우 앱'에서 AI 프로필 사진 기능은 현재 유료 서비스로 30개의 테마를 제공한다. 한편, AI 프로필 사진은 몇 장의 사진만으로 프로필을 생성할 수 있어 명의도용 등 범죄에 악용될 수 있어 주민등록증 사진 사용은 금지되고 있으니 유의해야 한다.

스노우(snow) 앱
스마트폰과 태블릿 PC에서 사용할 수 있는 사진 및 동영상 편집 앱. 2015년 9월에 출시된 이후로 전 세계적으로 5억 명 이상의 사용자가 사용하고 있는 인기 있는 앱. 트렌디한 메이크업 효과, 증강현실 효과의 셀피와 AI 프로필로 인기가 많다.

1) 스노우 앱을 실행하여 아래 메뉴 중 ❶ AI 버튼을 터치한다.
2) 아래 '지금 인기 있는 AI' 순위 중 ❷ **AI 프로필**을 터치한다.
3) ❸ **지금 시작**하기 버튼을 터치한다.(셀카 10~20장 사진을 미리 준비할 것)
4) ❹ **셀피 10~20장 업로드** 버튼을 터치한 후 셀카 사진을 업로드한다.
5) **첫 화면 〉 AI 〉 My** 저장함에서 ❺ **내 결과물**을 얻을 수 있다.(결제 후 24시간이 지난 후 생성)

스노우 **앱에서는** AI 프로필 사진 이외에도 AI 하이틴 사진, AI 미국 졸업사진, AI 드로잉, 카툰 느낌의 AI 포토비디오 등 셀카로 독창적인 셀피를 다양하게 만들 수 있다.

셀카로 AI 캐릭터 만들기

캡컷^{Capcut}은 셀카 사진 한 장만으로 영화나 소설 속 세계관의 주인공처럼 내가 원하는 콘셉트와 다양한 분위기의 AI 캐릭터를 제공한다.

캡컷(Capcut) 앱
스마트폰과 태블릿 PC에서 사용할 수 있는 사진 및 동영상 편집 앱. 2015년 9월에 출시된 이후로 전 세계적으로 5억 명 이상의 사용자가 사용하고 있는 인기 있는 앱. 트렌디한 메이크업 효과, 증강현실 효과의 셀피와 AI 프로필로 인기가 많다.

1) 캡컷 앱을 실행하여 ❶ **+새 프로젝트** 버튼을 터치한다.

2) 스마트폰 내 갤러리에서 셀카 사진을 선택한 후 자동으로 생성된 아래 ❷ **프레임**을 터치한다.

3) 아래 메뉴 중 ❸ **스타일** 버튼을 터치한다.

4) ❹ **AI 사진 〉 초를 든 소녀**를 터치한 후 생성 중 100%가 될 때까지 기다린다.

5) 상단 우측 ❺ **저장** 버튼을 터치하여 AI 캐릭터로 변환된 영상을 저장한다.

6) 스마트폰 내 갤러리에서 영상을 재생 후 **일시 정지와 사진 캡처**로 저장한다.

캡컷 앱 '**스타일**' 기능은 다양한 세계관의 AI 캐릭터 템플릿과 AI 프로필 사진, AI 그림을 무료로 제공한다.

[그림 2-14] 셀카 사진을 캡컷^{Capcut}으로 만든 AI 캐릭터, AI 그림

패러디와 오마주 이야기

"원작을 알면 재미있는 것은 패러디, 원작을 알리고 싶은 것은 오마주, 원작을 감추고 싶은 것은 표절"이라는 말이 있다. 패러디, 오마주, 표절의 차이를 알면 작품에 대한 감상이 더 풍부해진다.

패러디란 희극적이거나 풍자적인 효과를 위해 다른 저작물의 문체나 형식, 내용을 모방한 저작물을 말한다. 패러디는 종종 유머러스한 효과를 위해 원작의 요소를 과장하거나 왜곡한다.

1919년 마르셀 뒤샹은 파리의 길거리에서 <모나리자>가 인쇄된 엽서를 구매해 검은 펜으로 수염을 그려 놓고 알파벳 대문자로 "L.H.O.O.Q"라고 적어 놓았다. 이를 풀이하면 "엘르 아쉬 오오뀌"가 되는데 문장으로 풀이하면 "그녀는 뜨거운 엉덩이를 가졌다"라는 발음이 되는 말장난이다. 콧수염은 모나리자가 마치 남자처럼 보이기도 한다. 이처럼 뒤샹은 모나리자의 신비한 미소가 사람들에게 무한한 상상력을 자극하는 것을 풍자해 패러디 작품을 남겼다.

출처: Rmn-Grand
Palais

[그림 2-15] <모나리자> 원본 그림, 레오나르도 다빈치 작[1801]

출처: Association Marcel Duchamp
ADA, Paris – SACK, Seouol, 2020

[그림 2-16] <모나리자>, 마르셀 뒤샹 작[1919]

출처: Museo Botero, Bogota,
콜롬비아

[그림 2-17] <모나리자>, 페르난도 보테르 작 [1977]

1977년 콜롬비아 화가이자 조각가인 페르난도 보테로는 <비만 모나리자>로 풍만한 인체에 대한 새로운 해석으로 모나리자를 풍선처럼 부풀려 그녀의 귀여운 미소와 함께 익살스럽게 패러디했다. 원작 모나리자의 어둡고 무거운 분위기를 비틀어 밝고 가벼운 색채로 유쾌하게 보여 준다.

오마주는 다른 작품이나 작가에게 경의를 표하거나 경의를 표하는 작품이다. 프랑스어로 '존경, 경의'를 뜻하는 오마주는 영화에서 주로 사용되지만, 과거의 작가나 작품에 대한 존경을 표하기 위해 쓰이는 경우도 있다. 오마주의 예로 2013년 쿠엔틴 타란티노 감독은 영화 <킬빌>에서 영화 <사망유희>의 이소룡을 소환했다. 주인공 우마서먼이 '이소룡'의 상징 '노란 운동복'을 오마주한 것이다.

[그림 2-18] 영화 <사망유희>에서 노란색 운동복을 입은 이소룡

[그림 2-19] 영화 <킬빌>에서 같은 복장으로 등장한 우마서먼

표절은 다른 작가의 작품을 출처나 허가 없이 직접 베끼거나 도용하는 행위이다. 타인의 저작물을 마치 자신의 것처럼 공표하는 것을 말한다. 2015년 광고 감독인 프랑크 다비도비시는 제프 쿤스의 1988년 작 조각품 <겨울 사건 Fait d'Hiver>이 자신이 1985년 제작한 프랑스 의류 브랜드 '나프나프' 광고를 표절했다며 제프 쿤스를 고소했다.

출처: 아트 앤드 크리티시즘 바이 에릭 웨인

[그림 2-20] 제프 쿤스의 <겨울 사건>⁽왼쪽⁾과 프랑스 의류 브랜드 '나프나프'의 광고를 비교한 기사 캡처.

두 작품 모두 눈 위에 누워 있는 여성의 머리 위에 돼지 한 마리가 있는 모습을 표현하였고, 제목도 '겨울 사건'으로 똑같았다. 법원은 작품 속 여성의 머리카락이 왼쪽 볼 위에 붙어 있는 것부터 표정까지 같다고 지적한 후 다비도비시에게 총 17만 달러⁽약 1억 9,000만 원⁾를 배상하도록 명령했다.

패러디 작품 그리기

레오나르도 다빈치의 <모나리자>를 나만의 패러디 작품으로 그려 보자.

출처: 이티랩 (http://etlab.us)

[그림 2-21] '인공지능 예술여행' 교육 중 <모나리자> 패러디 작품

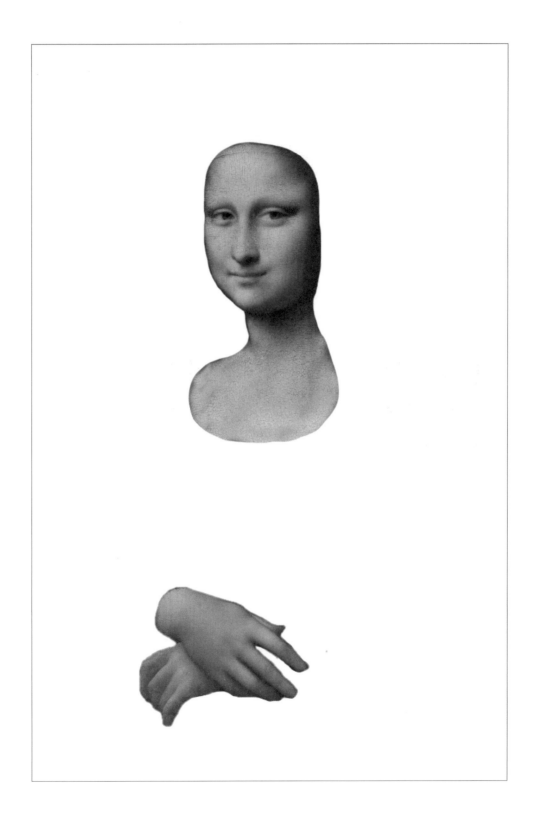

AI 달리3^{DALL·E 3}로 명화 패러디하기

생성형 AI로도 패러디 작품을 손쉽게 만들 수 있다. 생성형 이미지 AI 달리3
는 오픈AI에서 챗GPT의 유료 버전인 4.0에서만 사용할 수 있다. 그런데 MS 코
파일럿^{Microsoft Copilot}에서는 달리3를 무료로 사용할 수 있다. 참고로 PC에서는 MS
엣지^{Microsoft Edge} 브라우저로 가능하며 모바일에서도 코파일럿^{Microsoft Copilot} 앱을 설치
하면 사용할 수 있다.

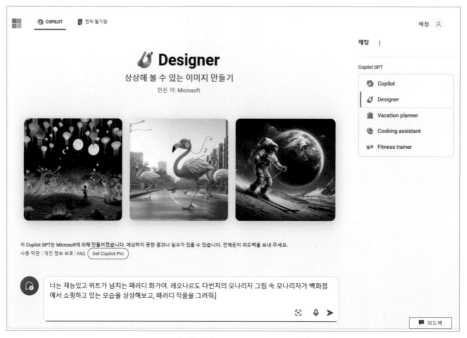

출처: 마이크로소프트 Designer AI(달리3)에서 패러디 관련 질문을 하는 과정

AI로 앞서 상상해서 그려본 현대적인 이미지의 '모나리자' 패러디를 만들었다.
질문 형식에 '너는 재능 있고 위트가 넘치는 패러디 화가야'와 같은 페르소나
를 설정하면 AI는 페르소나의 특성을 반영하여 특정한 관점이나 지식을 맥락에
맞는 정보로 고도화하여 제공한다.

모나리자 패러디 과정

질문:

너는 재능 있고 위트가 넘치는 패러디 화가야. 레오나르도 다빈치의 <모나리자> 그림 속 모나리자가 백화점에서 쇼핑하고 있는 모습을 상상해 보고, 패러디 작품을 그려 줘.

대답:

안녕하세요, 저는 Microsoft Designer입니다. 패러디 화가라니, 감사합니다. 레오나르도 다빈치의 모나리자 그림을 현대적으로 재해석한 작품을 만들어 보았습니다. 모나리자가 백화점에서 쇼핑하고 있는 모습을 그려 보았습니다. 쇼핑백을 들고 신용카드를 쥔 손으로 옷 가게의 가격표를 살피는 모나리자의 미소가 인상적이지 않나요? 원본 드레스의 색상과 어울리는 현대적인 의상을 입고 있습니다. 배경은 다른 고객들과 점원들이 있는 활기찬 백화점 장면입니다. 이 작품은 "레오나르도 다빈치의 모나리자 그림, 모나리자가 백화점에서 쇼핑하고 있는 모습"이라는 설명으로 그렸습니다. 작품을 감상해 주세요.

아래와 같이 4개의 이미지를 제공하는데 이 중 가장 마음에 드는 이미지를 클릭하면 내 PC에 다운로드할 수 있다.

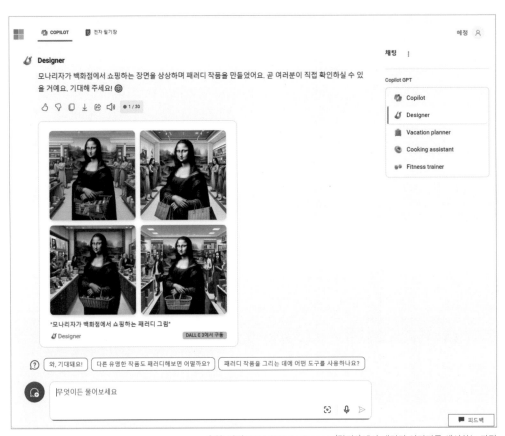

출처: 마이크로소프트 Designer AI(달리3)에서 패러디 이미지를 생성하는 과정

다른 유명한 명화 속 주인공들도 현대적으로 연출하여 패러디해 보았다.

내가 좋아하는 명화를 감상한 후 생성형 AI로 멋진 패러디 작품을 만들어 보자.

패러디 작품 예시

[그림 2-22] <베르메르의 진주 귀걸이 소녀가 미소 짓고 셀카를 찍는 모습>

[그림 2-23] <고흐의 자화상 그림, VR 헤드셋을 쓰고 게임 컨트롤러를 들고 있는 모습>

증강현실[AR]로 명화 패러디하기

구글 아트앤컬처에서는 다양한 디지털 예술 체험을 할 수 있다. 그중 사람의 얼굴에 명화를 적용할 수 있는 '아트필터'는 카메라와 증강현실 기술로 셀카에 미술 작품의 특징을 입힐 수 있다. 아트필터로 명화의 주인공이 되어 재미있는 표정과 몸짓으로 패러디해 볼 수 있다. 모나리자의 신비한 미소를 '윙크와 활짝 웃는 표정'으로 바꾸어 보았다.

1) 구글 아트앤컬처 앱을 실행하여 아래 **①** **재생** 메뉴를 터치한다.
2) **②** **Art Filter**를 찾아 터치한 후 아래 **③** **인공물** 중 원하는 필터를 선택한다.
3) 다음과 같은 화면이 뜨고 **④** **필터 사용해 보기**를 누르면, 아트필터가 실행된다.
4) 명화 인물을 재미있는 표정으로 패러디한 후 아래 **⑤** **셔터**를 터치하면 갤러리에 저장된다.
5) 위쪽 **⑥** **더보기**에서 "동영상 녹화 시 오디오 켜기"를 선택한 후 **셔터**를 길게 누르면 오디오가 포함된 동영상을 녹화할 수 있다.
6) 아트필터로 만든 재미있는 사진과 동영상을 공유해 보자.

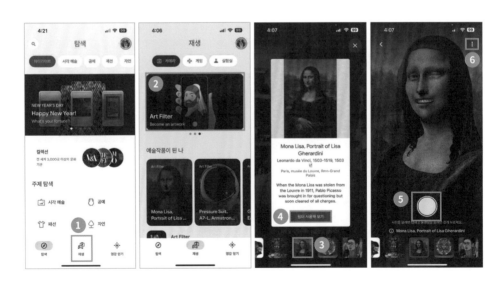

[그림 2-24] 아트필터에서 제공하는 명화 필터 중 <고흐의 자화상>을 적용한 결과물

2-5 한국의 문화유산 코리안 헤리티지

한류는 한국의 대중문화가 세계적으로 큰 인기를 끌면서 생겨난 용어이다. 1990년대 후반부터 시작된 한류는 K-pop으로 인해 세계적으로 한국의 예술, 음악, 영화, 드라마 등 다양한 분야로 확장되어 큰 인기를 끌고 있다. 한국관광공사는 한국을 알리기 위해 만든 한류와 관광을 홍보하는 영상을 제작해 한국 문화의 아름다움을 전 세계에 알리기도 했다. 그중 <필 더 리듬 오브 코리아Feel the Rhythm of Korea>는 현대식으로 재해석한 판소리 가락과 익살스러운 춤을 통해 우리나라의 관광 명소를 소개하는 영상이다. 외국인에게 낯설게 들릴 수 있는 판소리가 등장하지만, 이 영상은 해외에서 큰 인기를 끌었다. 유튜브에서만 누적 조회 수 3억 회를 기록하며 판소리가 '조선의 팝'으로 세계에 알려지는 계기를 만들었다. K-문화유산은 세계 각국의 문화유산과 예술작품을 디지털 형태로 소개하고 전시한 구글 아트앤컬처에도 소개되었다.

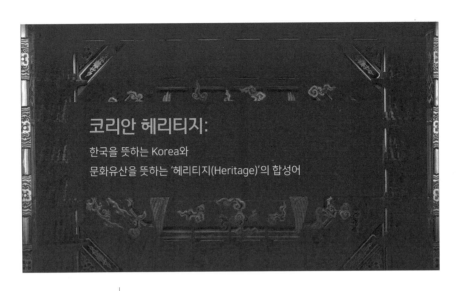

'코리안 헤리티지'
방문하기

구글 아트앤컬처의 '코리안 헤리티지'는 한국의 문화유산을 전 세계에 알리기 위한 온라인 프로젝트이다. 한국의 대표적인 유물과 유적지, 문화를 디지털 기술을 통해 생생하게 체험할 수 있다. 2018년 6월에 처음 공개되었으며, 경기도박물관, 국립경주박물관, 국립고궁박물관, 국립국악원, 국립무형유산원, 국립민속박물관, 국립중앙도서관, 수원시(수원시립 아이파크 미술관), 숙명여자대학교 박물관 등 총 9개 국내 유수 문화 기관이 참여했다. 구글 아트앤컬처에서 '코리안 헤리티지'로 검색하거나 우측 QR코드를 스마트폰으로 스캔하여 방문할 수 있다.

협력기관

출처: 구글 아트앤컬처(artsandculture.google.com)

[그림 2-25] 코리안 헤리티지

코리안 헤리티지에는 2,500점 이상의 왕실 유물과 2만 8,000여 점의 민속 유물, 그리고 유네스코 세계유산으로 등재된 창덕궁과 수원화성, 경주의 신라 유적지, 서울의 5대 고궁, 종묘 등 신라와 조선 및 대한제국의 주요 유적지 18곳이 포함되어 있다. 구글 아트 카메라^{Art Camera}를 활용해 조선 왕실 장식화, 기록화 및 풍속화, 지도, 천문도 등 130여 점을 초고해상도 이미지로 촬영한 것이 특징이다.

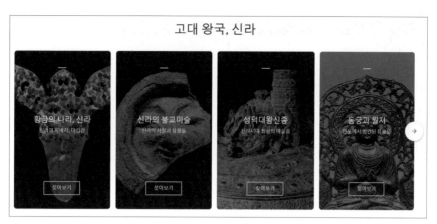

출처: 구글 아트앤컬처에 전시된 '코리안 헤리티지'
https://artsandculture.google.com/project/korean-heritage?hl=ko

출처: 구글 아트앤컬처에 전시된 '코리안 헤리티지'
https://artsandculture.google.com/project/korean-heritage?hl=ko

2-6 조선 5대 궁궐 VR(가상현실)로 관람하기

구글 아트앤컬처 앱 또는 사이트로 '코리안 헤리티지'에 방문하면 경주와 서울의 역사 유적지, 조선 궁궐을 통해 마치 실제 그곳에 있는 것처럼 360도 가상현실^{VR}로 궁궐을 둘러볼 수 있다.

'코리안 헤리티지'
방문하기

사설 특집 '서울의 5대 고궁에서 반드시 보아야 할 5가지'에서는 《나의 문화유산답사기》 저자 유홍준 교수의 조선 500년 역사가 남긴 5대 고궁 이야기와 함께 관람할 수 있다.

'조선의 5대 고궁
이야기' 방문하기

조선 5대 궁궐 관람 소감 기록하기

조선의 고궁을 관람한 후 인상 깊었던 점과 알게 된 점을 적어 보자.

경복궁	
창덕궁	
창경궁	
덕수궁 (경운궁)	
경희궁 (경덕궁)	

2-7 조선의 전통 회화도 병풍 감상하기

조선 시대에 그림 병풍은 궁궐과 민간에서 두루 사랑받았다. 병풍의 용도에 따라 그림 속 표현이 달라졌는데, 풍성하면서도 섬세하게 만든 궁궐용 병풍 중 장수를 기원하는 <십장생> 병풍도나 왕을 상징하는 <일월오봉도>는 형형색색의 환상적인 색채가 눈을 시원하게 만든다. 아래의 QR코드를 내 스마트폰으로 스캔하여 <십장생> 병풍도와 <일월오봉도>의 유래와 함께 병풍 속 그림을 기가픽셀로 감상해 보자.

출처: 구글 아트앤컬처. <십장생> 병풍도, 19세기 말~20세기 초, 국립고궁박물관 소장

'십장생병풍도'
병풍 감상하기

▲ 〈십장생도〉는, 불로장생을 상징하는 10종류의 자연물, 즉 해, 구름, 산, 물, 소나무, 거북, 사슴, 학, 복숭아, 불로초를 그린 그림이다.

출처: 구글 아트앤컬처. <일월오봉도>, 19세기 말~20세기 초. 국립고궁박물관 소장

'일월오봉도'
병풍 감상하기

▲ 〈일월오봉도〉는 조선 왕실 회화 가운데 가장 대표적인 주제의 그림으로서 왕의 권위와 존엄을 상징하는 동시에 왕조가 영구히 지속되리라는 뜻을 나타낸다.

또한, <책거리>라고도 불리는 책가도 병풍은 조선 시대[1392~1910]에 한국 전통 미술의 한 유형이다. 책가도는 집과 궁전의 장식용 항목으로 사용되었으며, 일반적으로 비단이나 종이에 잉크와 색상을 사용하여 만들어졌다.

책가도 병풍은 책, 필기구, 기타 문물을 묘사한 것이 특징이다. 이 그림들은 조선 정조 시대에 유행했는데, 선비들의 관직 등용, 학문과 배움, 문방청완[文房淸玩] 취미를 상징한다. 책, 두루마리, 붓, 벼루 등 문방사우가 장식적인 방식으로 세밀하게 묘사되며 사용된 색상은 일반적으로 밝고 생생하다.

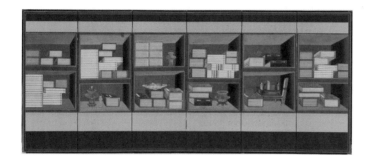

<책가도>병풍
감상하기

▲ 책가(冊架), 즉 서가(書架)와 같은 가구를 중심으로 책은 물론 각종 고동기물(古銅器物)이나 문방구, 화훼 등을 그린 그림이다. '책가'라는 단어는 정조 연간에 시행된 차비대령화원(差備待令畫員) 녹취재(祿取才) 중 문방(文房) 화문(畫門) 화제의 하나로서 처음 등장한다.

조선의 병풍은 이외에도 산수화, 화조화, 풍속화 등 다양한 유형으로 그려졌다. 화조화 중 <모란도> 병풍은 왕실에서는 부귀라는 본래의 상징 의미를 넘어 국태민안[國泰民安]과 태평성대[太平聖代]의 상징을 담은 모란 그림을 큰 규모의 병풍으로 만들어 중요한 의례에 사용하였다.

〈모란도〉 병풍
감상하기

▲ 탐스러운 꽃송이들이 달린 모란 줄기가 가득 찬 여러 폭의 화면으로
구성된 그림이다. 모란꽃은 크고 화려한 모양 덕분에 부귀영화의 상징
으로 인식되어 왔으며 꽃 중의 왕이라는 뜻의 '화왕(花王)'이라는 별칭
을 가지고 있기도 하다.

3장

전통 예술
x 디지털 아트

1 사군자 이야기

우리나라에서는 고려 시대부터 회화와 서예 등 미술작품 제작이 활발해졌다. 특히 조선 시대에는 문인화가 크게 유행했다. 그림이나 글씨뿐 아니라 시·서·화 삼절三絶이라 하여 학문과 예술에서도 뛰어난 재능을 가진 인물들이 많았다. 사군자는 과거시험에도 종종 출제되었던 만큼 당대 문인들에게는 꼭 익혀야 하는 교양과목이기도 했다. 실제로 퇴계 이황 선생께서는 아침 일찍 일어나 매란국죽을 치는 것으로 하루를 시작했다고 한다. 군자君子라 하면 어떤 이미지가 떠오를까? 대부분 인품이 훌륭하고 학식이 높은 인물을 떠오를 것이다. 군자는 단순히 학문에만 뛰어난 것이 아니다. 지식뿐만 아니라 지혜와 인덕까지 갖춘 사람으로 말하며, 유교 문화권에서는 완전한 인격을 가진 사람을 군자라 말했다. 선비들의 고결한 인품과 높은 정신세계를 나타내는 대표적인 소재로 매화, 난초, 국화, 대나무 네 가지 식물이 꼽혔으며, 이를 사군자라 했다. 매화, 난초, 국화, 대나무를 의미하는 매란국죽은 동양화의 소재가 되어 봄, 여름, 가을, 겨울의 상징이었다.

필자는 한지와 먹, 붓 없이도 디지털로 누구나 전통 서화를 즐길 수 있도록 사군자 디지털 드로잉 비법과 동양화사군자 브러시 세트, 온라인 코칭 영상을 포함한 프로그램을 제작했다. 동양화 전공자가 아닌 일반인들도 쉽게 따라 할 수 있는 사군자 그리기의 기초 과정으로 태블릿 PC와 펜을 이용한 디지털 드로잉 기법을 안내한다. 단순히 화면 위에 그리는 순서를 알려 주는 방식이 아닌 서화 초보자도 쉽게 알 수 있도록 한국화 기법의 기초를 바탕으로 알려 준다. 특히 서화를 그릴 때 소재별 특성 및 표현 기법이 담긴 사군자 브러시 세트를 QR코드로 제공하여 누구나 쉽게 붓의 농도와 터치의 느낌을 살려 그릴 수 있다. 먼저 사군자의 계절별 특징과 함께 옛 선비들의 작품을 감상해 보자.

매화 이야기

한겨울 추위에도 고고한 자태를 잃지 않고 피어난 매화꽃! 겨울 눈 사이로 꽃봉오리를 틔우는 모습은 마치 군자와도 같다 하여 예로부터 선비들의 사랑을 받았다. 이른 봄 제일 먼저 피는 꽃이기에 설중매라는 별명으로도 불린다. 조선 시대 화가 김홍도는 매화가 피어날 무렵이면 날마다 그림을 그릴 만큼 매화를 아꼈다.

매화 作品

출처: 국립중앙박물관
[그림 3-1] 어몽룡, <월매도>

출처: 국립중앙박물관
[그림 3-2] 어몽룡, <매화초옥도>

옛 선비들은 많은 작품 속에 매화를 그려 넣었다. 특히나 걸작으로 꼽히는 <월매도>와 <매화초옥도>는 각각 달밤과 눈 내린 초가집 앞에 핀 매화를 그린 것으로 유명하다.

난초 이야기

난초는 깊은 산중에서 자라고 사람이 없어도 꽃을 피우며, 은은한 향기를 멀리까지 퍼뜨린다. 이는 남이 알아주지 않아도 꿋꿋하게 자신의 도리를 실천하는 군자의 참모습을 닮았다고 한다. 또한, 선비들은 난초가 향기로 사람들을 교화시키는 힘을 가지고 있다고 생각했다. 이는 사대부들의 고귀한 정신이 널리 퍼지고 사람들을 감동하게 한다는 것을 의미한다.

난초 作品

출처: 국립중앙박물관

[그림 3-3] 조희룡, <묵란도>

조희룡은 조선 말기에 활동했던 중인 출신 화가로 산수화와 사군자를 잘 그렸고 회고록인 <석우망년록(石友忘年錄)>을 써서 자신의 시서화 이론을 펼칠 정도로 시, 글씨, 그림에 대한 조예가 깊었다. 이 그림은 왼쪽 상단에 난초를 배치하였는데, 난초 잎 중에서 하나는 오른쪽 상단으로 향하게 하고 다른 한 잎은 길게 빼서 오른쪽 하단까지 닿게 하는 파격적인 구도를 보이고 있다. 이 난초 잎을 경계로 하여 조희룡의 글이 좌우로 적혀 있는데, 난초와 글씨, 인문이 서로 어울려 시, 글씨, 그림의 일치를 보여 주는 작품이다.

국화 이야기

국화는 다른 꽃들이 모두 지고 서리가 내리는 늦가을에 혼자 조용히 피는 꽃
이다. 이에 국화는 홀로 역경과 시련을 극복하고 자신의 본분을 지켜내는 군
자의 덕목을 닮았다고 한다. 또한, 세상에 얽매이지 않고 속세를 벗어나 유유
자적하는 삶을 의미한다.

국화 作品

출처: 국립중앙박물관
[그림 3-4] 현재 심사정, <국화> 조선 18세기 말

사군자 중 가장 늦게 유행한 국화는 18세기가 되어서야 널리 그려지게 되었다고 한다. 심사정의 <국
화>는 서릿발 속에서 고개 든 국화의 외로운 절개를 보여 주는 최고의 묵국(墨菊) 중 하나이다. 오른
쪽에 바위를 두고 그보다 더 큰 국화가 꽃을 피웠다. 바위는 변하지 않는다는 점에서 국화와 짝을 이
룬다고 한다.

대나무 이야기

대나무는 사계절 내내 푸르고 꼿꼿한 자태를 유지한다. 대나무는 사군자 중 제일 먼저 시와 그림에 나타났다. 사시사철 푸르고 곧게 자라는 모습이 군자의 지조와 절개의 상징으로 의미한다. 또한, 모진 바람에 휘어질지언정 꺾이지 않는 고결함을 지닌 유연하면서도 강한 군자의 상징이다.

대나무 作品

출처: 간송미술문화재단

[그림 3-5] 탄은 이정, <풍죽>

조선 500년 통틀어 최고의 묵죽 화가로 평가받는 탄은 이정(1554~1626)의 작품 중 <풍죽>은 바람에 맞선 대나무 네 그루를 그린 작품이다. 의지할 데 없는 대나무가 세찬 바람을 앞에 홀로 맞서고 있고, 뒤에 선 대나무는 휘청이는 몸을 가까스로 뿌리에 의지하고 있는 모습이 보인다. 담묵(淡墨)으로 희미하게 그려 이리저리 흔들리는 뒤의 세 그루와 달리 앞에서 선 대나무는 굳세고 강인해 보인다.

2 한국화 기본 표현 기법

　수묵으로 그리는 동양화에서는 많은 화법들이 있지만, 아래 소개하는 3가지 화법이 가장 기초가 되는 기법이다. 사군자는 아래 기법을 섞어서 그린다.

백묘법(선으로만 그린 그림)

흰 백(白), 그릴 묘(描). 하얗게 그린다는 뜻으로 그릴 대상을 선의 굵기에만 차이를 두어 선만을 사용해 그리는 표현 기법이다. 주로 국화나 매화의 흰 꽃을 그릴 때 사용한다.

몰골법(윤곽선 없이 한 번의 붓으로 칠하는 그림)
빠질 몰(沒), 뼈 골(骨). 즉 뼈대가 빠졌다는 뜻을 지닌 몰골법은 백묘법과 반대로 윤곽선을 그리지 않고 면으로 표현하는 것을 말한다. 붓에 먹이나 채색을 직접 묻혀 한 번에 그리는 방법이다. 주로 난과 대나무, 국화 잎사귀 및 매화 줄기와 색이 있는 꽃을 그릴 때 사용한다.

구륵법(윤곽선을 넣고 안을 채색하는 그림)

갈고리 구(鉤), 굴레 륵(勒). 사전을 찾아보면 단번에 써 내는 것을 '구'라 하고 겹쳐서 그리는 것을 '륵'이라 한다. 구륵법은 백묘법과 몰골법을 함께 사용한 기법으로, 쌍구(雙鉤)라고 부르기도 한다.

한국화는 조묵이 기본이다. 조묵으로 먹색의 짙음과 엷음을 적절히 사용하는 것으로 짙음과 엷음의 정도에 따라 삼묵법인 농묵, 중묵, 담묵으로 세 가지 먹색을 사용한다.

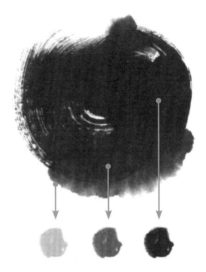

조묵이란
조묵은 큰 접시에 흐린 먹을 취하여 섞는 것으로 먹과 물을 섞어 붓에 전체적으로 먹을 적셔 농도를 만들어 내는 것을 의미한다.

삼묵법
한 붓에 농묵, 중묵, 담묵 세 가지의 먹색이 나오도록 먼저 붓에 연한 엷은 먹으로 적시고, 그다음 붓 끝에 진한 먹을 묻혀 접시 가장자리에서 적당히 문질러 먹색을 조절해서 쓰는 것을 의미한다.

엷은 먹　　중간 먹　　짙은 먹
담묵　　　중묵　　　농묵

사군자 브러쉬 18종은
동양화 기본표현인
백묘법, 몰골법, 구륵법과
삼묵법 세가지
담묵, 중묵, 농묵을
연구하여 사군자 브러쉬에
담아 농도를 자유롭게
표현할 수 있다.

디지털에서는 농묵,
중묵, 담묵을 아래
그림처럼 투명바의 %를
조절해서 만드는 것이니
잘 알아두시게!

100%

0~30%　　　50%　　　80~100%
담묵　　　　중묵　　　농묵

- 디지털 드로잉 도구 이비스페인트 X 앱

1) 이비스페인트 X^{ibisPaint X} 앱 소개

이비스페인트는 스마트폰, 태블릿에서 일러스트와 만화 등 다양한 그림을 그릴 수 있는 무료 앱이다. 컴퓨터에서 디지털 그림을 그리기 전에 스마트폰이나 태블릿에서 디지털 그림에 처음 도전하고 싶은 사람에게 추천한다.

특히 이비스페인트에는 1만 5,000개 이상의 다양한 브러시를 제공하고, 태블릿 기기 환경 제약 없이 ios, 안드로이드 모두 사용 가능하기 때문에 디지털 드로잉을 부담 없이 시작해 보기에 매우 적합한 도구이다. 이비스페인트는 유료 버전인 이비스페인트(ibisPaint)와 무료 버전인 이비스페인트 X(ibisPaint X)가 있다. 우리는 무료 버전인 이비스페인트 X 앱으로 사군자를 그릴 것이다.

2) 이비스페인트 X^{ibisPaint X} 앱 설치하기

iOS^{iPad/iPhone} 버전은 앱스토어 AppStore에서 다운로드할 수 있고

Android 버전은 구글 플레이 Google Play에서 다운로드할 수 있다.

1) 구글 플레이 또는 앱스토어에서 이비스페인트 X 앱을 설치 후 실행한다.

2) 개인정보 보호 동의 요청이 뜨면 동의 여부 버튼을 선택한다.

3) 이비스페인트 X 알림 관련 메시지가 뜨면 **허용 안 함** 또는 **허용** 버튼을 선택해서 누른다.

3) 이비스페인트 X^{ibisPaint X} 앱 기본 사용법

■ 앱 실행하고 시작하기

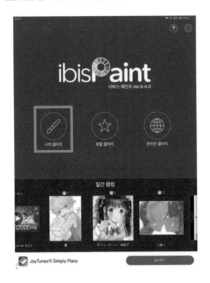

1) 이비스페인트 X 앱의 홈 화면이 나타나면, 나의 갤러리 버튼을 누른다.

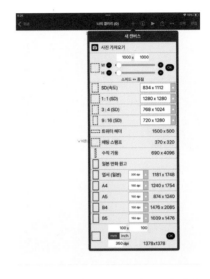

2) 위쪽에 + 버튼을 눌러 주세요. 새 캔버스 설정 중 A4 150dpi를 선택한다.

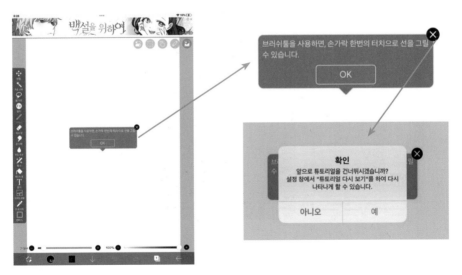

3) 새 캔버스가 열리면 파란색 툴팁 박스가 나타나면 x 버튼을 누른다.

4) x 버튼을 누른 후 '예' 버튼을 눌러 툴팁이 계속 나오지 않도록 설정한다.

■ '동영상 광고 보기'로 유료 브러시 무료로 사용하기

이비스페인트 X는 무료 버전으로 '동영상 광고 보기'를 통해 18시간 동안 모든 유료 브러시를 지원한다.

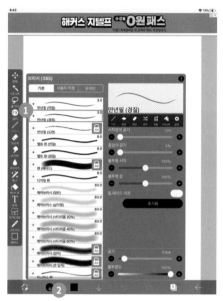

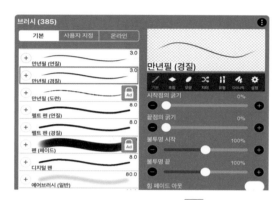

2) 기본으로 제공하는 브러시들의 Ad 광고 보기 아이콘을 누른다.

1) 왼쪽 도구 모음 중 **1** 브러시 버튼을 누른 후 아래쪽 **2** 브러시 속성 버튼을 누르면 브러시 속성 창이 나타난다.

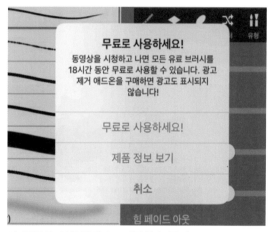

3) 무료로 사용하세요! 버튼을 누른다.

4) 광고 위쪽 30초간 타이머를 제공하는 동영상 광고 보기가 시작된다.

5) 광고 보기가 끝난 후 x **리워드 지급됨**이 나타나면 버튼을 누른다.

■ 화면 구성 및 기본 기능 알아보기

이비스페인트 X 앱의 기능을 한 번에 모두 익히는 것은 어렵다. 사군자를 그릴 때 주로 사용하는 기능부터 차근차근 배워 보자. 왼쪽 도구 중 가장 많이 사용하는 것은 브러시 도구이다. 브러시 도구를 선택한 상태로 아래와 같이 화면 구성을 알아보자.

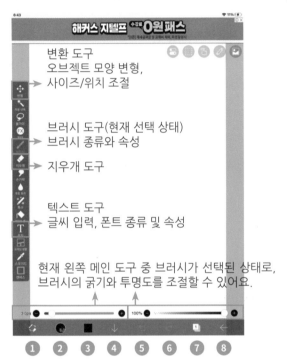

8 번의 **설정 및 저장** 버튼을 누른 후 설정 메뉴에서 아래 두 가지를 꼭 변경해 주세요.

1) 빠른 아이드로퍼 오른쪽 스위치를 눌러 꺼주세요.

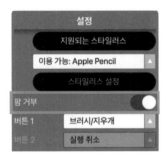

2) 팜 거부 오른쪽 스위치를 눌러 켜 주세요.

* 팜 거부를 켜 두면 태블릿용 펜슬만 인식해서 손가락 영향을 받지 않고 편하게 드로잉 할 수 있어요.

1 브러시/지우개토글기능

2 브러시속성

3 브러시색상

4 브러시색상

5 이전으로 되돌리기

6 다시 실행

7 레이어

8 설정 및 저장

▪ 화면 구성 및 기본 기능 알아보기

1) 작품을 완성한 후 아래 **설정 및 저장** 버튼을 누른다.

2) 창이 뜨면 **PNG로 저장하기** 버튼을 눌러 내 태블릿 기기에 저장할 수 있다.

* **PNG로 저장하기**는 현재 설정되어 있는 배경색(흰색)으로 저장되고, **투명 배경 PNG로 저장하기**는 배경이 투명하게 저장되어, 작품을 굿즈로 제작할 때 매우 유용하다.

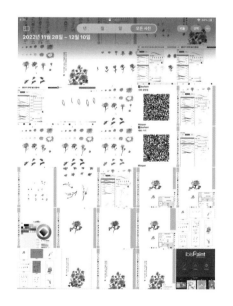

iOS(아이패드)
사진 앨범

안드로이드
갤러리

* 예시 화면은 아이패드 사진 앨범입니다.

3) 내 태블릿 기기 사진 앨범 또는 갤러리에서 저장된 작품 이미지를 확인해 본다.

이비스페인트 X 앱 〉 나의 갤러리에는 자동 저장이 되어, 언제든지 작품을 수정할 수 있다. 단! 앱을 기기에서 삭제한 후 다시 설치하면 나의 갤러리에 담겨 있던 모든 작품이 사라진다.

■ 삭제하기

1) **나의 갤러리** 버튼을 누른다.

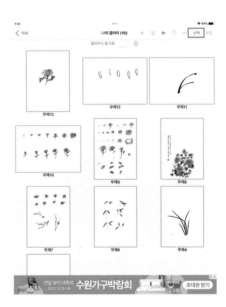

2) 위쪽 **선택** 버튼을 누른다.

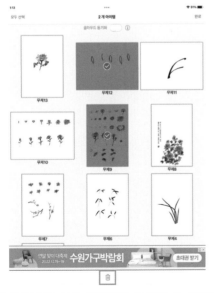

3) 삭제하고 싶은 이미지를 터치한 후 아래쪽
   휴지통 버튼을 누르면 삭제할 수 있다.

4) 이비스페인트에 브러쉬 QR코드 가져오기

한지에 수묵화를 그리면 붓으로 그린 먹이 물의 농도나 붓을 움직이는 속도에 따라 획의 굵기나 진하기 혹은 번짐이 다르게 표현된다. 제공하는 동양화^{사군자} 브러시는 이러한 수묵화의 특징을 디지털 브러시에 담아내어, 액정에 진짜 붓으로 그림을 그리는 듯한 접촉감을 살리기 위해 연구했고, 누구나 쉽게 사용할 수 있도록 오랜 시간 교육생들의 피드백을 반영했다. 사군자 브러시 세트 중 난초의 '브러시 QR코드를 불러오기'를 통해 QR코드 사용 방법을 알아보자.

이비스페인트 X에서는 일반적인 QR코드처럼 스캔을 통해 정보를 불러들이는 방식이 아니라, 사진처럼 내 태블릿 갤러리에 담고 가져오는 방식이다. 사군자 브러시 세트 총 19종을 오른쪽 QR코드를 스캔 후 드라이브에서 다운로드하여 내 태블릿 PC 사진 갤러리에 담아 보자.

동양화(사군자)
브러시 다운로드

구분	브러시 이름
난초	난초-난 난초-꽃대 난초-꽃잎 난초-꽃심
대나무	대나무-대 대나무-마디 대나무-가지 대나무-잎
매화	매화-가지 매화-꽃잎선 매화-꽃순 매화-꽃잎 채색
국화	국화-꽃잎 국화-꽃받침 국화-가지 국화-나뭇잎 국화-꽃잎 채색
기타	흙, 낙관

iOS(아이패드)
사진 앨범

안드로이드
갤러리

* 예시 화면은 아이패드 사진 앨범입니다.

사군자 브러시 세트 총 19종을 내 태블릿 PC 사진 갤러리에 담았다면 이제 이비스페인트 X 앱을 실행한 후 난초 브러시 세트 QR코드를 아래의 순서대로 불러와 보자.

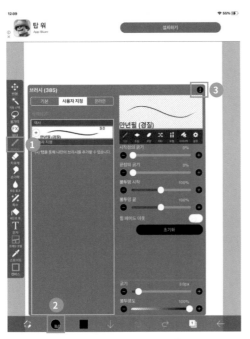

1) ① 왼쪽 브러시 메뉴를 선택한 후 ② 아래쪽 브러시 속성 버튼을 누른 후 ③ 더 보기 버튼을 누른다.

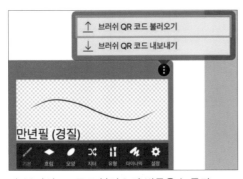

2) 브러시 QR코드 불러오기 버튼을 누른다.

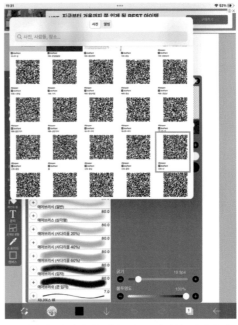

3) 갤러리 이미지 중 난초-난 브러시를 선택한다.

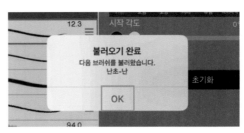

4) OK 확인 버튼을 눌러 주세요.

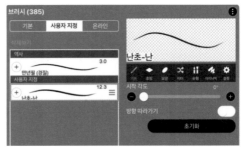

5) 브러시 사용자 지정에 난초-난 브러시가 추가된 것을 확인할 수 있다.

③ 난초 그리기

1) 윈도우 색상 변경하기

이비스페인트 X는 윈도우 색상을 검은색과 백색, 두 가지 스킨을 제공한다.

원하는 스타일을 미리 설정해 내 눈에 편안한 환경을 만들어 준다. 사군자는 주로 먹색인 검은색으로 그리는 경우가 많아, 이후 화면은 밝은 스킨인 백색으로 설정했다.

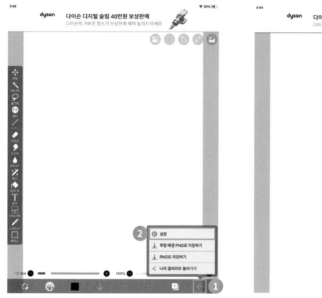 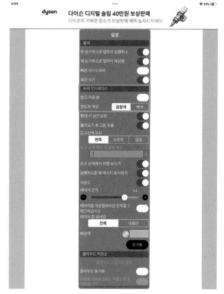

1) 아래쪽 ① **설정 및 저장** 버튼을 누른 후 창이 뜨면 ② **설정 메뉴**를 눌러 주세요.

2) 설정 창이 뜨면 **유저 인터페이스 > 윈도우 색상**을 백색으로 변경할 수 있어요.

2) 브러시 QR코드 모두 가져오기

앞서 해 본 **브러시 QR코드 불러오기**로 난초 브러시 set^{난, 꽃대, 꽃잎, 꽃심, 흙}를 모두 가져오자.

❶ 왼쪽 도구 브러시를 터치 ❷ 아래쪽 브러시 속성 버튼을 터치하면 브러시 창이 뜬다.

❸ 사용자 지정 > 난초-난를 선택한 후 ❹ 브러시 창 바깥의 여백을 터치하면 브러시 창이 닫힌다.

난초 잎부터 하나씩 그려 보자.

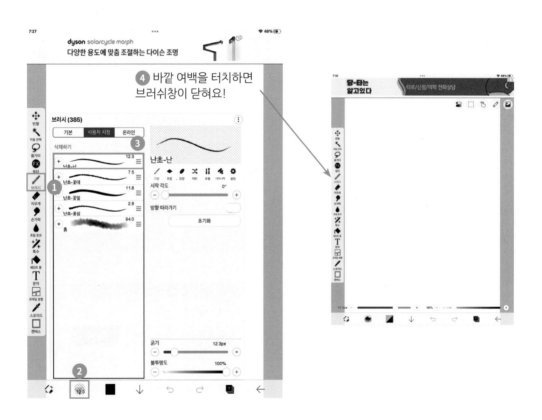

3) 난잎 그리기

기본 그리기

난잎의 기본은 5잎이 한 포기이다.
잎의 출발점은 역입(逆入)으로 긋고자 하는 획의 반대 방향으로 먼저 붓끝을 거슬러 올라갔다가 다시 그어 준다. 끝부분은 마치 쥐꼬리모양처럼 얇게 끝 처리해 주자.

① 일필 기수선
② 이필 봉안선
③ 삼필 파봉안선
④ 사필
⑤ 오필

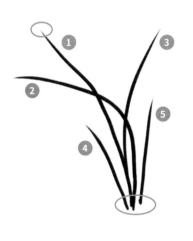

난초-난 브러쉬로 그리면
끝부분은 자동으로
쥐꼬리모양으로 될걸세~!

4) 난 꽃대 그리기

기본 그리기

난초는 **꽃대 → 꽃잎 → 꽃심** 순서로 그린다.
왼쪽 그림의 난초 꽃대 종류를 알아보고
춘란과 혜란을 하나씩 그려 보자.

[난초-꽃잎 브러시 사용 방법]
브러시 창 사용자 지정 > 난초-꽃대 선택

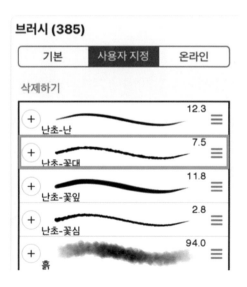

○춘란: 꽃대 하나에 꽃 하나가 핀 난초
○혜란: 꽃대 하나에 여러 꽃이 핀 난초

춘란은 꽃대 가지 아래로 내려오면서 반쯤 핀
꽃, 활짝 핀 꽃 순으로 그린다.

바르게 그리기

꽃대의 아래로 갈수록 굵어져야 한다.

① **잘못된 사례** - 꽃대의 아래가 위보다 얇다 x

② **올바른 사례** - 꽃대의 아래가 위보다 굵다 o

꽃대 가지의 간격은 위로 갈수록 좁아지고,
아래로 갈수록 넓어야 한다.

③ **잘못된 사례** - 꽃대 가지 간격이 일정치 않다 x

④ **올바른 사례** - 꽃대 가지 간격이 일정하다 o

5) 난꽃 그리기

기본 그리기

난꽃은 왼쪽의 꽃 그리는 순서와 방향대로 연습해
보자. 오른쪽으로 갈수록 반쯤 핀 꽃, 활짝 핀 꽃으
로 표현할 수 있다.

[난초-꽃잎 브러시 사용 방법]
브러시 창 **사용자 지정 > 난초-꽃잎** 선택

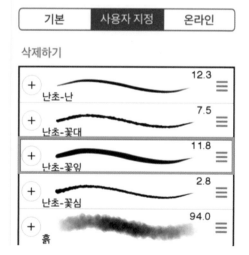

난 꽃심 그리기

꽃을 다 그린 후 꽃심을 그린다.
꽃봉오리에는 1점, 반쯤 핀 꽃에는 2점, 활짝 핀 꽃에는 3~4점을 찍는다.

[난초-꽃심 브러시 사용 방법]
브러시 창 **사용자 지정 > 난초-꽃잎** 선택

꽃심 1점

꽃심 2점

꽃심 3-4점

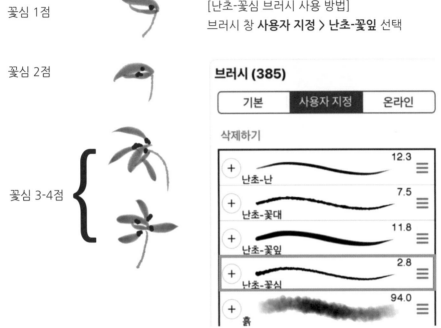

브러시 (385)

기본	사용자 지정	온라인

삭제하기

	12.3
+ 난초-난	≡

	7.5
+ 난초-꽃대	≡

	11.8
+ 난초-꽃잎	≡

	2.8
+ 난초-꽃심	≡

	94.0
+ 흙	≡

6) 난초 작품 완성하기

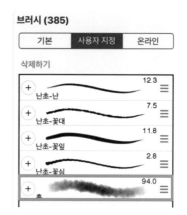

흙 브러시로 작품을 마무리해 보세요.

4 대나무 그리기

1) 브러쉬 QR코드 불러오기

앞서 해 본 '브러시 QR코드 불러오기'로
대나무 브러시(줄기, 마디, 가지, 잎)를 모두 불러
온다.

브러시 창 **사용자 지정 > 대나무-줄기**를 선택한
후 대나무 줄기부터 하나씩 그려 보자.

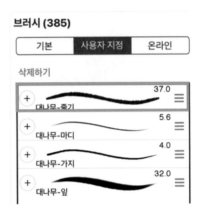

2) 대나무 줄기 그리기

대나무 그릴 때 가장 먼저 줄기를 그려 보자.
전체적으로 곡선이 되게 그리고, 마디와 마디 사
이의 간격이 너무 떨어지거나 굽지 않게 유의해
야 한다.

줄기 한 부분을 5마디씩 연속으로 그리는
연습해 보자.

줄기 한 마디를
한 번에 그린다.

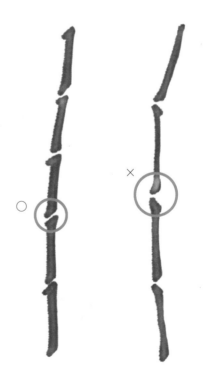

3) 대나무 마디 그리기

대나무 마디는 대나무의 특징만 표현하며,
지나치게 강조하거나 선을 굵게 그리면 안 된다.
위로 길게 뻗어나가는 대나무의 마디는 눈높이
에 따라 아래 그림처럼 다르게 그려야 한다.

[대나무-마디 브러시 사용 방법]
브러시 창 **사용자 지정 > 대나무-마디**를 선택

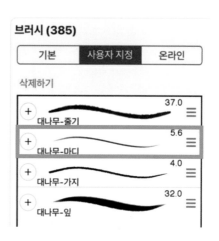

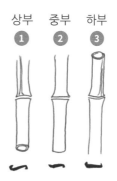

八자형 　一자형 　乙자형

❶ 상부: 대나무 윗부분을 올려 보듯이 八자형
❷ 중부: 눈과 비슷한 위치이므로 一자형, 心자형
❸ 하부: 위에서 아래로 내려다보듯이 乙자형

대나무의 가지는 마디 위에서 나오며 한 마디에 한 개의 가지가 나오거나(Y자), 두 개의 가지(V자) 모양으로 나온다. 큰 가지를 그린 후 잔가지를 왼쪽, 오른쪽 번갈아 가면서 그려 보자.

[대나무-마디 브러시 사용 방법]
브러시 창 **사용자 지정 > 대나무-마디**를 선택

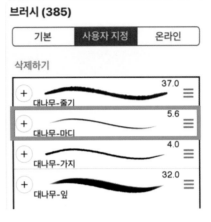

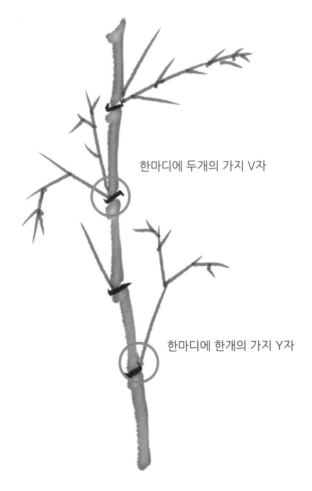

한마디에 두개의 가지 V자

한마디에 한개의 가지 Y자

4) 대나무 잎 그리기

대나무 잎은 아래로 내려 향한 잎과
위로 향한 잎, 정면/측면에서 보는 잎 등
다양한 형태의 잎들을 그릴 수 있다.

[대나무-마디 브러시 사용 방법]
브러시 창 **사용자 지정 > 대나무-잎**을 선택
브러시의 굵기와 투명도를 조절해서
대나무 잎의 원근감과 생동감을 표현해 보자.

人모양　　入모양　　八모양

제비가
날아가는
모양

까마귀가
날아가는
모양

[그림 3-6] 아래로 향한 잎 그리기

[그림 3-7] 다양한 형태의 잎 그리기

브러시 (385)

| 기본 | 사용자 지정 | 온라인 |

삭제하기

37.0 대나무-줄기
5.6 대나무-마디
4.0 대나무-가지
32.0 대나무-잎

5) 대나무 작품 완성하기

5 매화 그리기

1) 브러시 QR코드 불러오기

매화 브러시(가지, 꽃잎 선, 꽃술, 꽃잎 색칠)
를 모두 불러온다.

매화는 **가지 → 꽃 순서**로 그린다.
오른쪽 그림과 같이 브러시 창에서
사용자 지정 > 매화-가지를 선택한 후
매화 가지부터 하나씩 그려 보자.

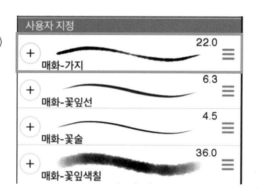

2) 매화 가지 그리기

매화 가지 브러시로 굵기를 조절하여 매화나무와 가지를 그려 보자.

매화꽃을 그릴 자리를 생각하고 가지와 가지 사이에 여백을 두고 그려 준다.

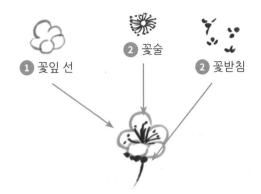

① 꽃잎 선

② 꽃술

② 꽃받침

[매화 브러시 사용 방법]

① 꽃잎 선 - **매화-꽃잎 선** 브러시 선택

② 꽃술 - **매화-꽃술** 브러시 선택

③ 꽃받침 - **매화-가지** 브러시 선택

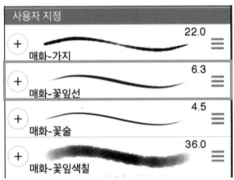

① 꽃잎 선은 **매화-꽃잎 선** 브러시 선택

② 꽃술은 **매화-꽃술** 브러시 선택

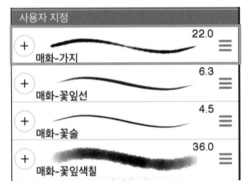

③ 꽃받침은 **매화-가지** 브러시 선택

꽃받침은 ③ **매화-가지** 브러시 선택 후
브러시의 굵기를 **4px**로 조절해서
붓으로 찍듯이 꽃받침을 그려 준다.

3) 매화 꽃잎 그리기

꽃잎은 엷은 농묵으로 그린다.
(매화-꽃잎 선 브러시를 사용하면
브러시의 투명도가 농묵처럼 엷게 되어 있다.)

[꽃잎 선 → 꽃봉오리 → 꽃술]
순서로 오른쪽 그림과 같이 연습해 보자.

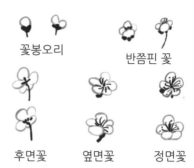

꽃봉오리　　　　　반쯤핀 꽃

후면꽃　　　옆면꽃　　　정면꽃

4) 매화꽃 완성하기 - 백묘법, 구륵법

매화꽃은 선의 굵기에만 차이를 두어 선만을 사용해 그리는 표현 기법인 백묘법과 붓에 먹이나 채색을 직접 묻혀 한 번에 그리는 기법인 몰골법을 함께 사용하는 구륵법으로 표현하기도 한다.

[그림 3-8] 백묘법으로 그린 매화

[그림 3-9] 구륵법으로 그린 매화

5) 매화 꽃잎 색칠하기

매화 꽃잎은 **매화-꽃잎 색칠** 브러시를 선택한 후 붓으로 찍듯이 펜슬을 태블릿 액정에 닿을 때 힘의 강약을 조절하여 꽃잎을 그린다.

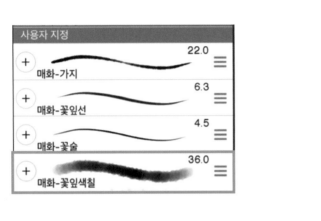

매화 꽃잎의 다양한 방향과 각도에 따라 농도를 조절하여 그려 보자.

6) 매화 작품 완성하기

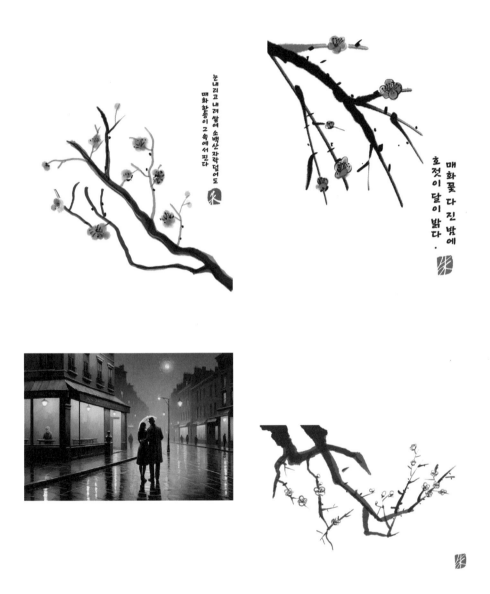

눈내리고 내겨쌓여 소백산 자락 덮어도
매화 향기 그 속에서 핀다

매화꽃 다 진 밤에
호젓이 달이 밝다 ·

6 국화 그리기

1) 브러시 QR코드 불러오기

국화 브러시(가지, 나뭇잎, 꽃봉오리, 꽃잎, 꽃잎 채색, 꽃잎 몰골법)를 모두 불러온다.

국화꽃은 **꽃잎 → 꽃받침 → 가지 → 나뭇잎** 순으로 그린다.

오른쪽 그림과 같이 브러시 창에서 **사용자 지정 > 국화-꽃잎** 브러시를 선택한 후 국화 꽃잎부터 하나씩 그려 보자.

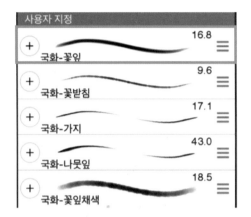

2) 국화 꽃잎 그리기

꽃잎은 붓으로 획을 긋듯이 두 획으로 그린다.

국화의 꽃잎은 꽃잎 한 개 한 개가 모여 한 송이 꽃을 이룬다. 국화의 꽃잎은 매화의 꽃잎을 그릴 때처럼 수십 개의 꽃잎을 단숨에 그려야 생동감이 나타난다. 하지만 처음 국화 꽃잎을 그리는 초보자는 한 번에 그리는 것이 쉽지 않다.

아래 그림과 같은 순서로 만개한 꽃잎을 그려 나가며 연습해 보자.

[그림 3-10] 국화 '대국' 그리는 순서

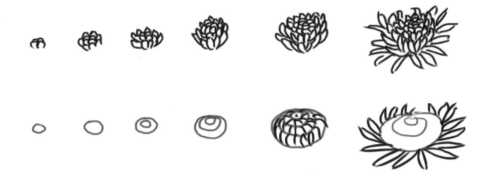

옆으로 길쭉한 동그란 구를 꽃잎으로 겹겹이 둘러 쌓아가는 형상으로 그려 본다.

[그림 3-11] 위로 향한 꽃 - 윗면   [그림 3-12] 위로 향한 꽃 - 앞면

3) 국화 가지 그리기

국화 꽃봉오리와 가지 그리기

국화 꽃봉오리를 ① **국화-꽃받침**과 ② **국화-가지** 브러시를 선택한 후 그린다.

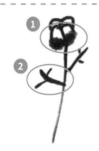

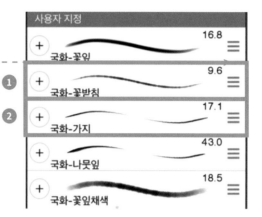

국화꽃^{미개·반개·만개} 연습하기

국화꽃을 아직 피우지 않은 미개, 반쯤 핀 반개, 활짝 핀 만개 꽃 순으로 꽃받침과 가지를 그려 연습해 보자.

국화꽃을 아직 피우지 않은 미개, 반쯤 핀 반개, 활짝 핀 만개 꽃 순으로 꽃받침과 가지를 그려 연습한다.

국화 꽃봉오리는
반쯤 핀 꽃과
함께 그리면 좋다.

4) 국화 나뭇잎 그리기

① **국화-나뭇잎** 브러시를 선택한 후 앞을 향한 잎, 반쯤 뒤집혀진 잎, 뒤로 보이는 잎을 모양에 따라 그린다.

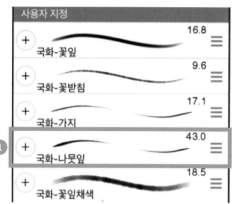

② **국화-가지** 브러시를 선택하고 나뭇잎의 모양에 따라 잎맥을 그린다.

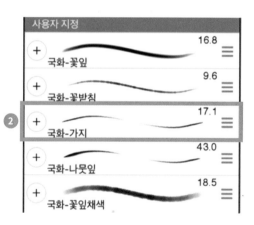

5) 국화 채색하기

국화는 모든 잎과 꽃이 진 가을에 서리를 무릅
쓰고 의연하게 꽃을 피우는 데 일명 황국이라
하여 노란색을 귀히 여기고 흰색, 자주색 등
색깔이 다양하고 들국화, 산국화 등 종류가 다
양하다.

국화-꽃잎 채색 브러시를 선택하고 국화 꽃잎
채색을 시작해 보자.

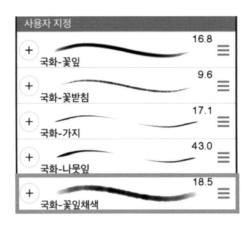

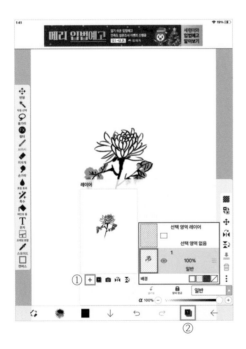

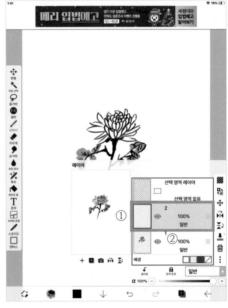

1) ❶ 레이어 버튼을 클릭한 후 ❷ + 버튼을
눌러 '새 레이어'를 만든다.

2) ❶ 새 레이어가 ❷ 국화가 그려진 레이어
위로 새로 생성된 것을 확인할 수 있다.

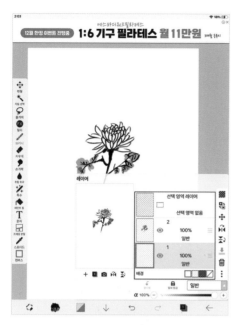

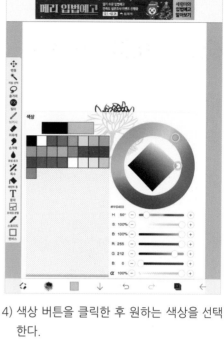

3) **새 레이어** 클릭한 채로 아래로 드래그하여 국화가 그려진 레이어 아래로 옮긴다.

4) 색상 버튼을 클릭한 후 원하는 색상을 선택한다.

5) 황국에 어울리는 노란색으로 채색을 한다.

6) 황국의 노란색에 조금 더 붉은 노란색을 섞어 채색해 생동감을 더한다.

6) 시화 완성하기

1) 왼쪽 도구 중 **①** **문자**를 터치한 후 **②** 문자 넣을 곳에 여백을 터치한다.

2) 텍스트 창이 나타나면 **서체** 버튼을 누른다.

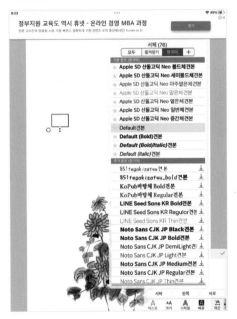

3) 한국어 옆 **+ 버튼**을 눌러 한국어 폰트를 추가로 다운로드를 시작한다.

4) '무료 폰트 눈누'로 검색한 후 검색 결과 '눈누'를 찾아 터치한다.

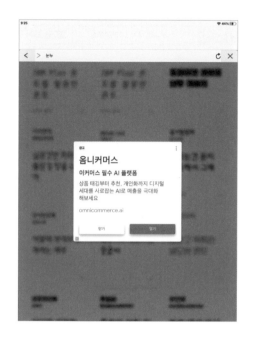

5) 광고 창이 뜨면 **닫기** 버튼을 누른다.

6) 시화에 어울리는 붓글씨 폰트를 찾아 터치한다.

7) **서체 다운로드** 버튼을 누른다.

8) **다운로드 페이지로 이동** 버튼을 누른다.

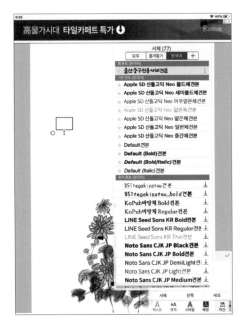

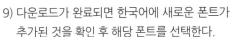

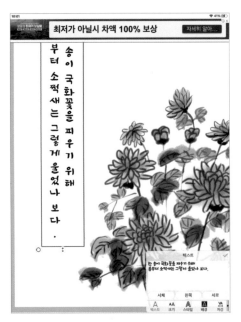

9) 다운로드가 완료되면 한국어에 새로운 폰트가 추가된 것을 확인 후 해당 폰트를 선택한다.

10) 텍스트 창에서 시화에 넣을 문구를 입력하여 완성한다.

7) 낙관 만들기

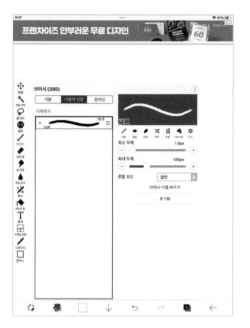

1) 브러시 창에서 '낙관' 브러시를 불러와 선택한다.

2) 색상 버튼을 눌러 낙관 색 '붉은색'을 선택한다.

3) 낙관 틀을 원하는 모양대로 그린다.

4) 색상을 다시 '흰색'으로 변경하고, 브러시 굵기를 얇게 조절한 후 낙관 위에 본인의 '호' 나 '서명'을 그려 낙관을 완성한다.

8) 국화 작품 완성하기

한 송이 국화꽃을 피우기 위해
봄부터 소쩍새는 그렇게 울었나 보다

조선 백자 이야기

〈백자상감〉

〈순백자〉

〈청화백자〉

〈철화백자〉

〈동화백자〉

백자상감 모란문병
白磁象嵌牡丹文甁

순백자병
純白磁甁

청화백자
천도쌍조문호
靑畵白磁
天桃雙鳥文壺

국보 백자철화
포도 원숭이무늬
항아리(1962)
白磁鐵畵葡
萄猿文壺

백자동화 연꽃무늬
항아리
白磁銅畵蓮花文壺

출처: 국립중앙박물관 https://www.kogl.or.kr

백자는 백토로 만든 형태 위에 유약을 입히고 구워서 만든 자기이다. 백자는 무늬를 표현하는 기법이나 안료에 따라 분류할 수 있는데, 조선 백자는 상감청자를 계승한 백자상감, 무늬가 없는 순백자, 코발트 안료를 사용하여 푸른색 무늬를 그린 청화백자, 산화철안료를 이용한 철화백자, 산화동으로 무늬를 그린 동화백자가 있다. 조선 백자는 검소하면서 절제된 아름다움을 표현하고 있다면, 중국 백자는 다양하고 화려한 색감과 섬세한 표현 등이 돋보인다. 중국에서 백자는 남북조 시대 남조^{219~580년}부터, 우리나라에서는 청자와 함께 고려 시대부터 만들어지기 시작하였다.

조선 후기의 백자는 17세기 임진왜란과 병자호란의 결과로 백자의 질이 많이 떨어졌다가 17세기 말부터 다시 원래의 수준으로 질이 좋아져 순백의 백자가 다시 만들어지기 시작하였다. 이 시기는 세계적으로 백자가 선풍적인 인기를 끌었던 시기로 일본은 조선의 도자기 기술을 받아들여서 상당한 수준의 도자기를 생산할 수 있게 되었다. 일본에서 생산된 도자기는 유럽으로 수출되었으며, 유럽의 도자기 생산에 영향을 끼쳤다. 세계적으로 도자기 기술이 급속하게 발전했던 반면에 조선의 도자기 생산 기술이 이전에 비해 그리 발전하지 못했으며, 세계 도자기 교역에서도 소외되었다. 또한, 국가에서 운영하던 관요가 민간에 이관되면서 원래의 기술도 크게 쇠퇴하여 구한말 왕실에서는 서구에서 도자기를 수입해서 사용하기도 하였다.

오늘날에는 스마트폰 앱으로도 디지털 아트 도자기를 만들 수 있다. 다양한 형태와 패턴을 시뮬레이션하고 색상과 질감을 적용하여 나만의 창의적인 도자기를 빚어 보자. '포터리^{Pottery.ly 3D}앱'으로 점토를 모델링하고 형태를 빚고 굽기까지 도자기 제작과정을 체험할 수 있다.

스마트폰으로 도자기 빚기

포터리 앱(Potter.ly)

포터리 앱 (Pottery.ly 3D-도자기를 쉽게) Pottery.ly는 자신 만의 독특한 점토 예술을 만들 수 있는 쉬운 점토 만들기 앱이다. 도자기를 원하는 디자인으로 빚을 수 있으며 원하는 질감을 선택하고 다양한 패턴과 그림으로 완성할 수 있다.

1) 포토리 앱 시작하기

1) 포터리 마스터 앱을 실행한다.
2) ① 동의하고 시작하기를 선택하여 다음 단계로 전환한다.
3) ② + 창작 시작을 선택한다.
4) ③ 창작 시작을 선택한다.
5) 손가락을 누른 채 위로, 아래로, 옆으로 드래그하면 방향에
   따라 도자기의 모양이 빚어진다.

나만의 도자기 모양을 빚어 보자.

2) 도자기 빚기 → 굽기^{번조}

① 도자기 모양 도구를 선택 ② 원하는 모양으로 선택 ③ →을 터치한 후 다음 단계로 전환한다.

④ 굽기^{번조} 유형 중 나의 도자기에 어울리는 ⑤ 번조를 터치하면 도자기가 구워진다.

3) 다양한 색상과 패턴으로 도자기 꾸미기

1) **1** **파트**를 선택하면 도자기의 손잡이를 꾸밀 수 있다.
2) **2** **컬러**를 선택하면 다양한 색상으로 디자인할 수 있다.
3) **3** **라인**를 선택하면 가로, 세로 방향, 굵기 등 다양한 선으로 꾸밀 수 있다.
4) 이외에도 도형, 그래픽, 아트보드, 클래식, 채도, 밝게, 어둡게, 만다라 패턴, 보헤미안, 중국, 아프리카 등 다양한 장르의 문양과 디자인으로 도자기를 꾸밀 수 있다.

4) 도자기 손 그림으로 꾸미기, 저장하기

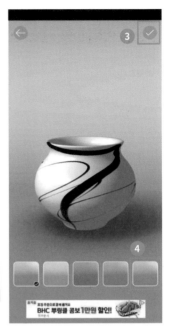

1) **1** **연필 모양**을 선택한 후 손 그림으로 꾸민다.

2) 아래쪽 그리기 도구 중 **2**를 선택한다. 그리기가 완성되면 **3** **체크**를 터치한다.

3) 아래쪽 배경 색상 중 원하는 색상 하나 **4**를 터치한다.

4) **5** **저장**을 누르면 내 스마트폰 갤러리에 작품이 저장된다.

전통 문양 이야기

한국 전통 문양이란? 한국의 전통 문양은 한국의 역사와 문화를 담고 있는 소중한 유산이다. 우리 독창적인 전통문화 유산으로 선조들의 뛰어난 창의력과 지식, 예술성, 생활 등이 깃들어 한국의 고유한 아름다움을 담고 있으므로 세계 시장에서도 경쟁력이 있다. 또한, 우리 전통문화재, 건축물, 생활 소품, 그림 등에서 추출한 정보를 담고 있어 역사적, 예술적인 가치가 높다. 문화포털에서는 미래창조과학부^{한국정보화진흥원}와 문화체육관광부^{한국문화정보원}가 우리만의 고유한 문양을 문화재, 유물 등으로부터 추출하여 산업적 디자인 소재로 활용이 가능하도록 디지털화하여 산업적 이용을 지원하고 있다.

'문화포털'
바로가기

출처: 전통문화포털 | 문화생활 > 전통문양 화면

전통 문양의 특징

인물문은 사람의 얼굴, 또는 그 형태를 나타내거나 신선, 부처, 사천왕, 도깨비 등을 표현한 무늬를 말한다. 우리나라에서는 부처, 사천왕상, 비천상 등이 불교 미술에 빈번하게 나타난다.

동물문은 인간에게 이로움과 두려움의 존재로 여겨졌던 특정 동물들을 문양으로 표현한 것이다. 형태뿐만 아니라 인간의 의식 속에서 만들어진 상징성을 포함하고 있다.

식물문은 인간에게 많은 것을 베풀어 주는 상징이자 아름다운 형상으로 문양의 좋은 소재가 되었다. 꽃은 아름다움을 대표하며 주요 소재가 되었고, 특정 꽃이 아니더라도 일반적인 형태의 꽃을 표현하여 장식한 경우가 많다.

한국 문양의 역사는 삼국 시대$^{기원전 57년~서기 668년}$까지 거슬러 올라가며, 의복과 기타 물품을 장식하는 방법으로 사용되었다. 고려 시대$^{918~1392}$와 조선 시대$^{1392~1910}$에는 이러한 문양이 더욱 보편화되어 사회적 지위, 권력, 부를 상징한다. 한국의 전통 문양에는 다양한 종류가 있으며 각각 고유한 의미와 상징성을 가지고 있다.

시대별 문양

삼국 시대에는 중국 문화권의 영향과 불교의 유입으로 미술 전반에 새로운 경향이 나타나기 시작했다. 사신도(四神圖)와 일(日), 월(月) 성숙도 등을 고구려는 고분 벽화에 그렸고, 신라는 주로 토기에 새겼다. 백제 금속공예 장식에서는 중국 불교의 영향으로 식물무늬 양식이 나타났다. 삼국 통일을 이룬 통일신라 시대는 불교가 흥성했던 시기이자 서역과의 교류가 활발해지면서 새로운 양식과 무늬가 나타나는 등 원숙한 표현력이 발휘되었다.

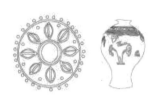

고려 시대는 불교 미술이 눈부신 발전을 이뤘고, 귀족사회가 번영하면서 고려청자와 나전칠기, 장신구 등 화려한 무늬의 각종 공예품이 등장한 시기다. 특히 표면에 무늬를 새기고 그 안에 다른 재료를 넣어 장식하는 상감 기법이 청자를 비롯한 공예의 각 분야에서 나타났다. 이들 공예품에는 가을철 강변을 배경으로 수양버들과 물새가 있는 풍경 무늬인 갯버들·물짐승 무늬가 공통으로 나타나며 한국적인 정취를 드러낸다.

조선 시대는 민간의 소박한 의식에서 자발적으로 생활 미술적인 현상의 하나로 무늬를 사용했다. 조선의 특징적인 무늬로 꼽히는 것이 길상(吉祥)무늬이다. 주로 문자의 원형을 이용하거나 사각의 테두리 안에 문자를 써넣은 형태로 장식의 성격을 강조했다. 문자 무늬에 대표적으로 사용된 글자는 수(壽), 복(福), 강(康), 영(寧), 부(富), 귀(貴)이다.

전통 문양 트렌드

전통 문양은 이제 단순히 과거의 유산이 아닌, 현대적인 감각으로 재해석되어 새로운 가치를 창출하는 요소로 주목받고 있다. 전통 문양의 아름다움과 의미를 유지하면서도 현대적인 감각을 더하여, 전통문화의 가치를 재발견하고, 새로운 매력을 발견하는 데 이바지하고 있다. 최근 전통 문양은 다음과 같은 트렌드를 보이고 있다.

현대적 재해석: 전통 문양을 현대적인 감각으로 재해석하는 디자인이 인기를 얻고 있다. 전통 문양의 아름다움과 의미를 유지하면서 현대적인 감각을 더하여 전통문화의 가치를 재발견하고, 새로운 매력을 발견하는 데 이바지하고 있다.

최근 서울역과 인천국제공항을 왕복 운행하는 공항철도는 인천공항1터미널역의 직통 열차 승강장에 한국 전통문화를 알리는 예술품을 설치했다. 한국공예디자인문화진흥원이 함께 승강장 벽면과 기둥을 꽃문양으로 표현한 한국의 사계절과 청사초롱, 부채 등의 한국 전통문화 작품을 설치한 것이다. '한국 유람의 향기' 프로젝트로 우리 옛 선비들이 자연을 유람하며 즐기는 문화를 담아 자연 속 사계절 꽃을 전통 문양으로 재해석하여 연출하였다.

[그림 3-13] 인천공항1터미널역의 직통 열차 승강장에 전통 문양 디자인 공간이 조성된 모습

다양한 분야의 활용: 전통 문양은 다양한 분야에서 활용되고 있다. 패션, 디자인, 관광, 생활용품 등 다양한 분야에서 전통 문양을 활용한 제품과 서비스가 출시되고 있다. 전통 문양의 접근성을 높이고, 전통문화의 대중화를 촉진하는 데 이바지하고 있다.

한국의 전통문화를 패브릭과 의류를 디자인하는 한 기업에서는 전통 문양을 모티브로 패브릭을 디자인해 의류를 개발했다. 기존 전통 문양의 의미와 상징은 살리면서 캐주얼한 색감과 그래픽으로 연출하여 감각적인 스타일을 표현했다.

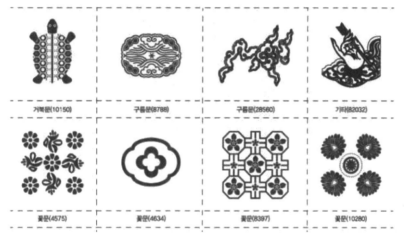

거북문(10150)	구름문(8788)	구름문(28560)	기타(82032)
꽃문(4575)	꽃문(4634)	꽃문(8397)	꽃문(10280)

[그림 3-14] 패션 패턴으로 활용한 전통 문양

MZ 세대의 관심: MZ 세대는 전통문화에 대한 관심이 높다. 전통 문양을 활용한 패션, 디자인, 음식, 인테리어 등이 MZ세대 사이에서 인기를 얻고 있다. 또한, 청년 창업으로 전통문화의 가치를 재발견하고, 전통문화를 미래로 이어나가는 데 이바지하고 있다.

문화체육관광부는 한국공예디자인문화진흥원과 '2023 오늘전통창업 시상식'
을 열어 우수 청년 기업 10곳과 청년 창업 아이디어 공모전 수상자 36개 팀에
상을 수여했다. 그중 블랙핑크의 한복 무대 의상을 제작하고, 전통문양 등을 현
대적으로 해석해 다양한 패션 상품을 개발한 청년 창업 기업이 문체부 장관상을
받았다.

출처: 전통문화포털 https://www.kculture.or

[그림 3-15] 오늘전통창업 > ㈜오우르디자인하우스 소개 이미지 중

한국문화정보원에서는 매년 '전통 문양 활용 우수 사례 공모전'을 개최하고 있
다. 이 공모전의 목적과 취지는 전통 문양의 보존과 활용을 장려하고, 현대 사회
에서 새롭게 해석하고 발전시키는 것이다. 전통 문양을 다양한 분야에서 창의적
으로 활용함으로써 가치를 보존하고 확장하는 것이 목적이다. 또한, 전통 문양
을 사랑하는 사람들에게 큰 기회이다. 많은 분야에서 전통 문양의 아름다움과
가치를 발견하고, 다양한 분야의 전문가들과 교류하며, 전통 문양의 매력과 잠
재력을 더욱 깊이 경험할 수 있고 창의력과 예술적 재능을 선보일 수 있다.

전통문양포털에서 무료로 제공하는 도안을 활용하여 누구나 쉽게 나만의 디

지털 아트 작품을 만들 수 있다. 전통 문양이 어떻게 구성되는지, 어떤 의미를 담고 있는지 등을 이해하고 기존의 전통 문양을 나만의 독특한 디지털 아트로 창작해 보자.

전통 문양 디자인하기

스케치북(Sketchbook)앱

스케치북(Sketchbook)은 디지털 도구로 처음 그리는 초보자들도 쉽게 사용할 수 있는 그림 그리기 앱이다. 스케치북 앱에서 제공하는 색상 팔레트와 페인트 통 도구로 전통 문양을 나만의 색으로 디자인할 수 있다.

1) 전통 문양 도안 스마트폰에 다운로드하기

스케치북 앱은 심플하고 직관적인 레이아웃으로 태블릿 기기뿐 아니라 스마트폰에서 언제 어디서든 간단한 디지털 아트 작업이 가능하다. 먼저 오른쪽 QR코드를 스마트폰으로 스캔한 후 전통 문양 도안을 다운로드하여 보자.

'전통 문양 도안' 다운로드하기

아래 전통 문양 도안 중 마음에 드는 작품을 선택한 후 나만의 디지털 아트로 디자인해 보자.

〈강릉 상석〉 도깨비문

〈귀면와〉 인물문/귀신문

〈사슴문〉

〈봉황문〉 동물문

〈모란문〉 식물문

〈백자국화무늬호〉 식물문

출처: 문화포털 전통문양 https://www.culture.go.kr/tradition/traditionalPatternMain.do

2) 전통 문양 도안 스마트폰으로 불러오기

1) 스케치 앱을 실행한다.
2) **① 새 스케치**를 선택하여 다음 단계로 전환한다.
3) **② A4**를 선택한다.
4) **③ 이미지 가져오기**를 선택한다.
5) **④** 원하는 도안을 터치한 후 가져온 후 양 손가락으로 드래그하여 크기를 맞춘다.
6) **⑤** 체크를 선택한다.

이제 나만의 색으로 전통 문양
을 **컬러링 해** 보자.

3) 전통 문양 스마트폰으로 나만의 색으로 디자인하기

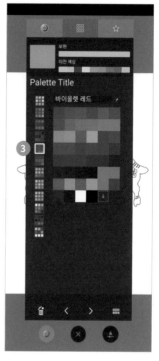

1) ① **채우기**를 선택하여 다음 단계로 전환한다.

3) ② **색상표**를 선택한다.

4) ③ 원하는 색상을 선택한다.

5) ④ 도안의 원하는 영역에 터치하여 색상을 채운다.

6) ⑤ 컬러링을 완성한 후 체크를 눌러 마무리한다.

4) 스케치북 앱 - 전통 문양 디지털 아트 스마트폰에 저장하기

1) **①** **공유**를 선택하여 다음 단계로 전환한다.

2) **②** **장치에 저장**을 선택한다.

3) **③** **아래쪽 저장** 버튼을 눌러 내 기기에 저장한다.

4) 내 스마트폰 갤러리에서 완성된 작품을 확인한다.

전통 문양 색칠하기

강릉 상석 인물문^{도깨비문}

도깨비는 재앙을 물리치고 어려움으로부터 보호를 해 준다는 의미를 지닌다. 강릉 상석의 받침돌인 호석으로 도깨비의 얼굴을 나타내었다. 도깨비는 두 눈을 부릅뜨고 있으며, 코는 둥글고 납작한 편이다. 입을 살짝 벌려 이빨을 드러내고 있으며, 턱 아랫부분에는 문고리를 더하여 표현하였다.

전통 문양 색칠하기

귀면와 인물문 ^{귀신문}

정면을 바라보는 귀신의 모습이다. 큰 눈과 코, 벌린 입 안에는 이빨이 보인다. 톱니 모양의 눈썹은 뽀족한 선들이 이마 위에 산처럼 자리 잡고 있다. 얼굴과 입 주변에는 수염이 나 있는데 도톰한 끝부분이 둥글게 말린 모양이다.

전통 문양 색칠하기

사슴문전 동물문 ^{사슴문}

사슴문으로 사슴은 장수를 상징하는 동물이다. 불멸의 신성한 순간을 포착해 낼 수 있는 유일한 동물로 여겨왔다. 종종 관리들의 벼슬을 상징하는데, 사슴 녹(鹿)자와 벼슬 녹(祿)자는 같은 음이기 때문이다. 또한, 불행과 질병을 막아 주는 주력을 가진 동물로 여겨져 왔다. 노자나 신선들을 그린 그림을 보면 사슴 한 쌍이 등장하는데, 수사슴은 항상 입에 불로초를 물고 있으며 부부가 항상 화목하게 지내라는 의미가 있다. 도자기, 회화를 비롯하여 다양한 유물에 사슴을 표현하였다.

전통 문양 색칠하기

봉황문 동물문

원천유물-
강릉 정자각 수막새

봉황이란 수컷인 봉(鳳)과 암컷인 황(凰)을 함께 이르는 말로 상상의 새이다. 봉황은 5가지 덕을 갖추고 있는데, 푸른 머리는 인(仁), 흰 목은 의(義), 붉은 등은 예(禮), 검은 가슴은 지(智), 누런빛을 띠는 다리는 신(信)을 상징한다. 봉황은 고상하고 품위 있는 모습을 지니고 있어 왕비에 비유되거나, 태평성대를 예고하는 상서로운 새로 여겨져서 궁궐에서 다양한 무늬로 사용하였다.

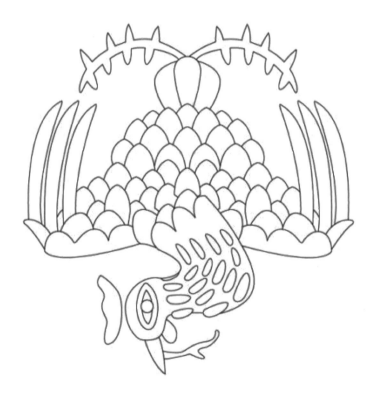

전통 문양 색칠하기

모란문 식물문

원천유물-베갯모

모란은 번영, 행복의 의미를 상징하며 삶이 행복하고 좋은 일만 가득하기를 바라는 뜻을 담고 있다. 활짝 핀 모란의 측면 모습이다. 크고 둥근 꽃잎과 모란을 감싸 듯 돋아난 잎사귀의 어우러짐을 자연스럽게 표현한 모습이다. 잎사귀는 외곽선만으로 단순하게 표현하였지만, 모란은 꽃받침에서 꽃줄기까지 세부적으로 표현하여 절묘한 대비 효과를 노리고 있다.

전통 문양 색칠하기

백자국화무늬호 식물문

백자국화무늬호에 보이는 국화문으로 항아리의 목과 바닥의 굽에 가로줄 문양을 둘러 장식하였다. 몸체에는 꽃가지가 위쪽을 향하여 길게 뻗어나간다. 가지 끝에는 활짝 핀 한 송이의 국화꽃을 표현하였다. 가지에는 교차하여 잎사귀를 표현하였다. 꽃잎과 잎사귀는 테두리 없이 바로 문양을 그렸다.

원천유물
-백자국화무늬호

전통 단청 이야기

붉을 단^月 푸를 청^{青}의 단청. 사찰이나 궁궐에서 볼 수 있는 단청은 목조 건물에 여러 가지 빛깔로 무늬를 그려서 아름답고 장엄하게 장식한 것을 말한다. 단청의 목적은 목재의 내구성을 강화하고 색을 칠하는 건물에 권력의 상징이나 종교의 엄숙한 장엄함을 돋보이게 하기 위함이었다. 실용적인 측면에선 나무에 벌레가 먹지 않게 하고 썩지 않게 하기 위해, 또 한국에서 건축재로 흔히 쓰이는 소나무의 균열을 감추고 건축의 결함을 가리기 위한 위해 사용되었다. 대체로 30~40년 정도마다 다시 그리곤 하였다.

출처: 단청, 《한국민족문화대백과사전》

왕이 거주하는 왕실과 관련된 건축물이나 불교 건축의 사찰, 유교 건축의 향교와 서원 등에는 반드시 단청을 했으며, 그것도 위계에 따른 장엄 등급을 규정해 이를 엄격히 지키며 시행했다. 우리나라 궁궐이나 사찰 등은 크게 중심 전각과 부속 전각으로 나눌 수 있는데, 중심 전각의 단청은 화려한 장식으로, 부속 전각은 중심 전각보다 덜 화려한 장식으로 단청을 하였다.

전통 단청의 오방색 이야기

단청은 조선 시대까지 천연 재료를 활용하여 만든 염료로 청, 적, 황, 백, 흑색의 오방색을 사용한다. 오방색은 우리나라 전통 색상으로 오행과 '다섯 방위'를 상징하는 색이다. 동쪽은 푸른 생명이 탄생하는 파랑, 서쪽은 햇빛의 신성함과 나쁜 기운을 물리치는 하양, 중앙은 만물이 태어나는 흙과 땅을 상징하는 노랑, 남쪽은 해의 기운이 강해 악한 기운을 물리치는 빨강, 북쪽은 '깊은 생각', 즉 지혜를 의미하는 검정을 상징한다. 오방색은 순수하고 섞임이 없는 기본색으로, 나쁜 기운을 물리쳐 건강하고 복되게, 어질게 살라는 바람이 담겨 있다.

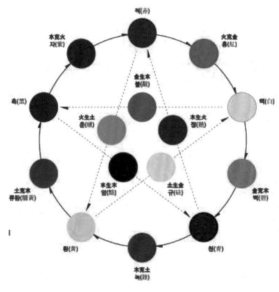

출처: 《한국의 전통색》, 오방정색과 오방간색, 안그라픽스

출처: 오방낭자(五方囊子)
단국대학교 석주선기념박물관
https://museum.dankook.
ac.kr/

오행을 대표하는 오방색은 복을 상징하는 공예품인 복주머니에서 쉽게 찾아볼 수 있다. 오방낭자(五方囊子)는 왕실에서 사용하던 궁낭(宮囊)의 일종으로 오색 비단을 사용하여 만든 주머니이다. 청(靑: 동) · 백(白: 서) · 적(赤: 남) · 흑(黑: 북)의 사색을 동서남북의 방위에 맞추어 주머니 전면에 배치하고 중앙에는 황색으로 사각이나 원형을 만들어 대었다. 중앙에는 복을 기리는 글자를 금박으로 하거나 수를 놓았으며, 액을 면하고 한 해를 무사히 지내라는 뜻으로 정월 첫 해일(亥日)에 어린이들에게 주머니를 내리는 풍습이 있었다.

전통 단청 디자인하기

스케치북(Sketchbook)

스케치북(Sketchbook)은 디지털 도구로 처음 그리는 초보자들도 쉽게 사용할 수 있는 그림 그리기 앱이다. 스케치북 앱에서 제공하는 색상 팔레트와 페인트 통 도구로 전통 문양을 나만의 색으로 디자인할 수 있다.

1) 전통 단청 도안 스마트폰에 다운로드하기

스케치북 앱은 심플하고 직관적인 레이아웃으로 태블릿 기기뿐 아니라 스마트폰에서 언제 어디서든 간단한 디지털 아트 작업이 가능하다. 먼저 오른쪽 QR코드를 스마트폰으로 스캔한 후 전통 문양 도안을 다운로드한다.

아래 단청 무늬 중 마음에 드는 작품을 선택한 후 나만의 디지털 아트로 디자인해 보자.

'전통 단청 무료 도안'
다운로드하기

1)

2)

3)

4)

5)

1) 〈법주사 금강문〉 연꽃문
2) 〈연꽃문〉 연꽃문
3) 〈창경궁 관덕정 도리〉 연꽃문
4) 〈창덕궁 인정문 천장〉 연꽃문
5) 〈구름문〉 자연산수문

출처: 문화포털 전통문양 https://www.culture.go.kr/tradition/traditionalPatternMain.do

전통 단청의 문양 색칠하기

법주사 금강문^{연꽃문}

원형의 씨방 주위로 두 겹의 꽃잎이 달려 있다. 꽃잎은 양 끝이 뾰족한 타원형이며 안쪽과 바깥쪽은 서로 엇갈리게 배치되었다. 꽃잎 안쪽 면에는 타원형을 그리고 외곽선을 따라 테두리를 그려 입체감을 살렸다. 연꽃 바깥쪽에는 한 줄의 선으로 원 테두리를 둘렀다.

출처: 문화포털 전통문양 https://www.culture.go.kr/tradition/traditionalPatternMain.do

전통 단청의 문양 색칠하기

연꽃문^{연꽃문}

연꽃이 활짝 핀 모습을 디자인하였다. 활짝 핀 연꽃은 강인한 생명력과 생식이나 번영을 상징한다. 연씨가 있는 둥근 씨방을 중심으로 여러 장의 연꽃잎이 포개져 있다. 꽃술대나 내부 꽃잎 없이 표현되어 단순하나 돌출된 능선으로 분리된 꽃잎으로 화려하고 풍성한 느낌을 살렸다.

출처: 문화포털 전통문양 https://www.culture.go.kr/tradition/traditionalPatternMain.do

전통 단청의 문양 색칠하기

창경궁 관덕정 도리^{연꽃문}

관덕정 도리의 마구리 부분으로 연꽃을 나타내었다. 흑색 바탕에 백색으로 활짝 핀 연꽃을 표현하였고, 꽃잎은 사방으로 펼쳐진 모습이다. 연꽃은 불교를 상징하는 꽃이지만 다양한 유물에 장식 문양으로 활용되었다. 연꽃은 생명이나 번영을 상징하며, 여유로움 등을 의미하기도 한다. 연꽃이 활짝 핀 모습을 꽃잎의 모양으로만 단순하게 디자인하여 나타내었다.

출처: 문화포털 전통문양 https://www.culture.go.kr/tradition/traditionalPatternMain.do

전통 단청의 문양 색칠하기

창덕궁 인정문 천장^{연꽃문}

창덕궁 인정문 천장에 활짝 핀 연꽃의 모습으로 꽃잎의 모양은 둥글고 원만하며 꽃잎의 줄무늬도 섬세하게 표현하였다. 연꽃잎의 가운데에는 작은 씨방을 묘사하였다. 연꽃 주변에는 잎사귀가 'x'자 형태로 규칙적으로 배치하여 장식미와 함께 경쾌한 느낌을 연출한다.

출처: 문화포털 전통문양 https://www.culture.go.kr/tradition/traditionalPatternMain.do

전통 단청의 문양 색칠하기

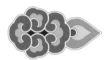

구름문 _{자연산수문}

구름은 고대로부터 해, 달, 별, 바람, 비를 비롯한 자연 현상을 경외시하던 사상적 배경으로 인해 신성시되었다. 만물을 소생하는 비를 내리고 거두거나 자유자재로 움직이는 모습 때문에 농경 사회에서는 길흉을 점칠 수 있는 신령스러운 존재로 인식되기도 하였다. 또한, 왕권을 상징하는 용 대신 그보다 한 단계 낮은 구름문을 사용함으로써 최고의 자리에 오르고 싶은 열망을 표출하는 방편으로 사용되어 높은 신분의 권위와 위엄을 상징하였다. 그 밖에도 구름은 장수를 상징하는 십장생 중의 하나로 불로장생을 뜻하기도 하였다.

출처: 문화포털 전통문양 https://www.culture.go.kr/tradition/traditionalPatternMain.do

산수화는 산과 강 등 자연경관을 소재로 그려진 동양화이다. 동양의 자연관을 반영하여 자연을 생동감 있는 존재로 여겨 왔다. 조선 시대에는 실경산수화가 크게 발전하여 많은 작품이 전해지게 되었다.

조선 실경산수화는 실재하는 경치를 화폭에 옮기는 것으로 고려 시대의 '실경화'에서 시작되었다. 고구려 고분벽화와 백제·신라의 공예품에서도 산수 표현이 확인되며, 고려 시대에 산수화가 본격적으로 제작되었다. 실경산수화는 자연경관만을 그리는 것이 아니라, 그곳에 존재하는 사람들의 삶을 그려내어 조선 시대의 사회적, 문화적 생활을 담아내었다. 실경산수화에 사상적인 표현을 가미한 것을 이른바 진경산수화라 한다. 진경산수화의 시초는 정선^{鄭敾, 1676~1759}으로 <금강산도>의 화제에는 실경을 넘어선 진경의 의미가 잘 나타나 있다.

출처: 정선 <신묘년 풍악도첩> 단발령망금강산, 1711년,
견본담채, 34.3x39cm, 국립중앙박물관 소장

정선^{鄭敾, 1676~1759}이 그린 <단발령에서 바라본 금강산^{斷髮嶺望金剛山}>은 바라보는 주체와 바라봄의 대상이 모두 표현된 특별한 그림이다. 그림 오른편에는 단발령에 서서 저 멀리 금강산을 바라보는 사람들이 그려져 있다. 단발령은 금강산 여행이 시작되는 고개로, 이 고개에서 바라본 광경이 너무나 황홀해 머리를 깎고 산에 들어가 승려가 된다는 뜻의 이름이다.

국립중앙박물관에서 2019년 '우리 강산을 그리다: 화가의 시선, 조선 시대 실경산수화' 전시회를 진행한 바 있다. 전시 작품 중 《해동명산도첩》은 조선 후기 정조의 명을 받아 금강산 일대를 그렸던 김홍도가 그린 화첩으로 금강산 일대의 실경산수가 담겨 있다. 조선 후기의 대표적인 화가 김홍도의 시선으로 그려진 《해동명산도첩》의 실경산수화를 아래 QR코드를 통해 감상해 보자.

아래 작품은 필자의 시선으로 인상 깊은 작품을 선정해 보았다.

김홍도의 《해동명산도첩》 中 15번
<망양정(望洋亭)>, 국립중앙박물관

김홍도의 《해동명산도첩》
감상하기

김홍도의 《해동명산도첩》 中 16번
<문암(門巖)>, 국립중앙박물관

김홍도의 《해동명산도첩》 中 28번
<영랑호(永郎湖)>, 국립중앙박물관

김홍도의 《해동명산도첩》 中 37번
〈옹천(甕遷)〉, 국립중앙박물관

김홍도의 《해동명산도첩》 中 38번
〈총석정(叢石亭)〉, 국립중앙박물관

채색 산수화 AI로 디자인하기

필자는 국립중앙박물관의 어린이박물관 실험 프로젝트로 **'우리 강산을 그리다: 화가의 시선, 조선 시대 실경산수화'**를 관람한 후 실경산수화에 대한 의미와 작품 감상을 나누고 《해동명산도첩》의 작품을 인공지능으로 채색하는 과정의 디지털 아트 교육 기획과 진행에 참여한 바 있다. 김홍도의 스케치로 그려진 금강산을 '봄, 여름, 가을, 겨울' 사계절의 진경으로 상상력을 발휘하여 인공지능으로 채색하면 멋진 디지털 아트 작품으로 탄생하게 된다. 김홍도의 《해동명산도첩》 실경산수화 스케치 도안을 다운로드한 후 디지털 아트 작품을 만들어 보자. 스케치 도안은 필자의 시선에서 인상 깊은 작품을 선정하여 제작하였다.

1) 김홍도의 《해동명산도첩》 실경산수화 다운로드하기

김홍도의 실경산수화 《해동명산도첩》에 수록된 산수화로 제작한 스케치 도안을 오른쪽 QR코드를 통해 내 PC 또는 모바일 기기에 다운로드할 수 있다.

원하는 스케치 도안을 다운로드한 후 자동 채색 인공지능을 활용하여 나만의 멋진 디지털 아트로 만들어 보자.

김홍도 《해동명산도첩》
도안 다운로드

출처: 김홍도 《해동명산도첩》 중 <총석정>을 AI로 채색

출처: 김홍도 《해동명산도첩》 중 <문암>을 AI로 채색

출처: 김홍도 《해동명산도첩》 중 <호해정>을 AI로 채색

2) 네이버 웹툰 AI 페인터 입장하기

네이버 웹툰 AI PAINTER
네이버 AI 페인터는 인공지능 딥러닝 기술로 자연스러운 채색을 돕는 서비스다. 창작자가 색만 고르고 원하는 곳에 터치하면 AI가 자동으로 그림 전체에 색을 입혀 준다. 실제로 단 한 번의 클릭만으로 사이트에서 제공하는 네이버 웹툰 인기 캐릭터의 채색을 완성할 수 있다.

네이버가 개발한 자동 채색 SW는 '웹툰 AI 페인터(Webtoon AI Paint-er)'다. PC와 모바일에서 해당 사이트에 들어가 이용할 수 있다. 자신이 그린 스케치 그림을 사이트에 업로드해 자동 채색 서비스를 이용할 수 있고, 사이트에서 제공하는 네이버 웹툰 인기 캐릭터를 통해 AI 채색 기능을 체험할 수도 있다.

'네이버 웹툰
AI PAINTER' 입장하기

1) PC에서 크롬브라우저에서 Webtoon AI Painter를 검색하거나 https://ai.webtoons.com/ko/painter를 주소창에 입력하여 네이버 웹툰 AI PAINTER를 시작한다.

* 로그인은 네이버 또는 구글 메일 계정으로 가능

2) **내 파일 업로드하기** 버튼을 클릭한 후
앞서 다운로드한 산수화 중 원하는 도안을 불러온다.

3) [PC] 네이버 웹툰 AI 페인터로 채색 산수화 완성하기

3) 불러온 도안 이미지를 원하는 크기로 조정한 후 아래쪽 ① **채색하기** 버튼을 누른다.

4) 왼쪽 팔레트에서 제공하는 ② **기본 〉봄, 여름 가을, 겨울** 중 원하는 계절을 선택(예시: 여름)한 후 오른쪽 도안을 클릭한다.

5) 왼쪽 ③ **색상 또는 팔레트**에서 다양한 색을 선택하여 오른쪽 원하는 영역에 클릭하여 채색 산수화 컬러링을 완성한다.

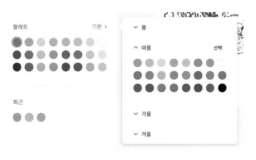

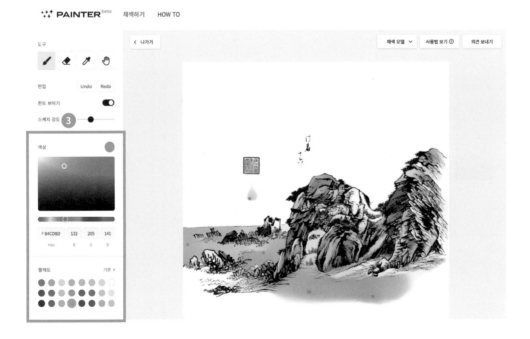

김홍도의《해동명산도첩》산수화 색칠하기

출처: 국립중앙박물관 소장. 김홍도의《해동명산도첩》중 15번 <망양정> ㈜이티랩에서 스케치 도안으로 제작

김홍도의 《해동명산도첩》 산수화 색칠하기

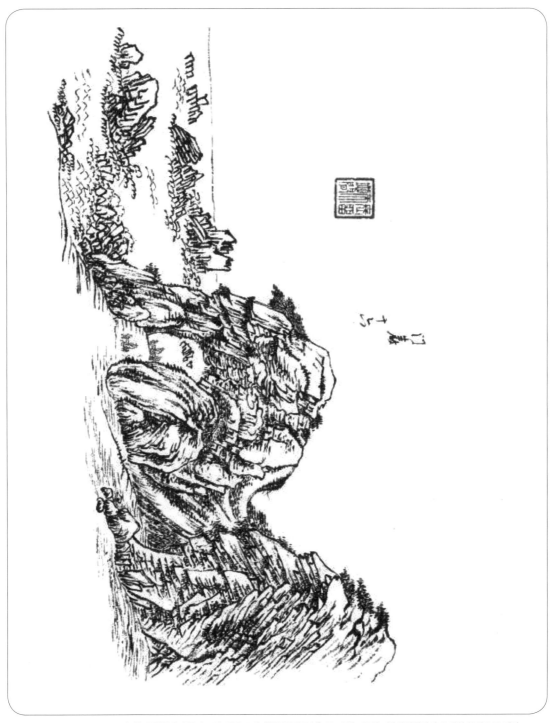

출처: 국립중앙박물관 소장. 김홍도의 《해동명산도첩》 중 16번 <문암> ㈜이티랩에서 스케치 도안으로 제작

김홍도의 《해동명산도첩》 산수화 색칠하기

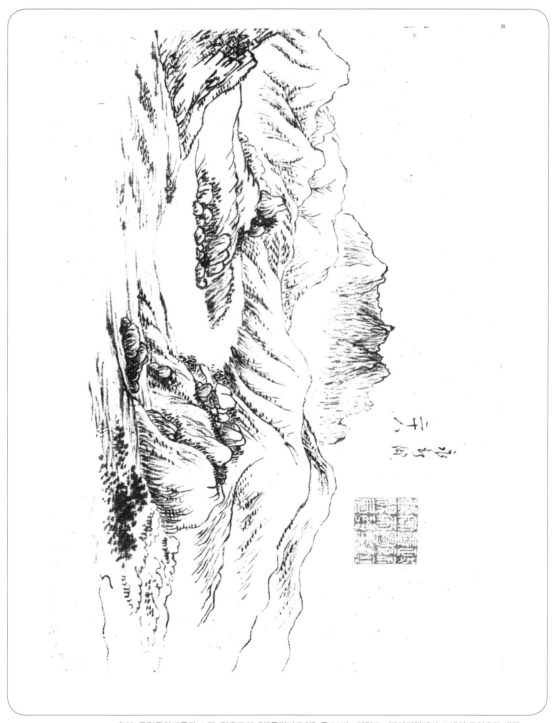

출처: 국립중앙박물관 소장. 김홍도의 《해동명산도첩》 중 28번 <영랑호> ㈜이티랩에서 스케치 도안으로 제작

홍도의 《해동명산도첩》 산수화 색칠하기

출처: 국립중앙박물관 소장. 김홍도의 《해동명산도첩》 중 37번 <옹천> ㈜이티랩에서 스케치 도안으로 제작

김홍도의 《해동명산도첩》 산수화 색칠하기

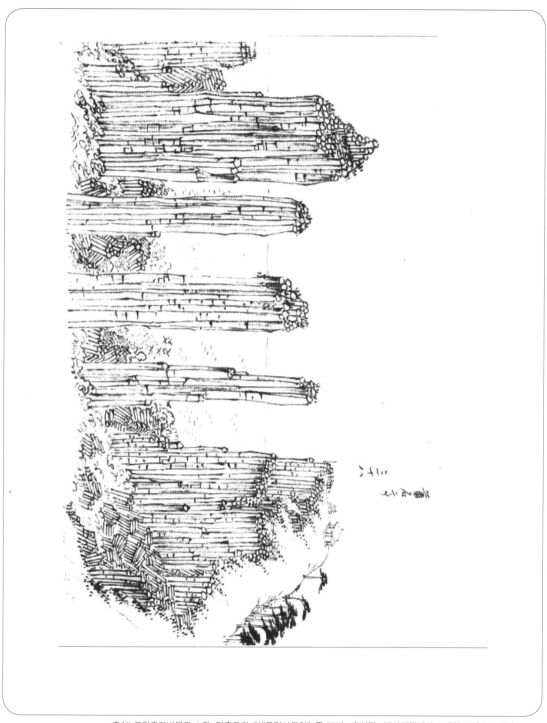

출처: 국립중앙박물관 소장. 김홍도의 《해동명산도첩》 중 38번 <총석정> ㈜이티랩에서 스케치 도안으로 제작

4장

서양 예술
x 생성형 AI 아트

① 스마트폰 QR코드 스캔 → ② '구글 아트앤컬처'의 기가픽셀로 감상하기 →
③ 색칠하기 → ④ 생성형 AI로 예술 작품 창작하기 과정을 통해 서양 예술을
감상하고 나만의 작품을 창작하는 과정을 통해 예술을 체험해 보자.

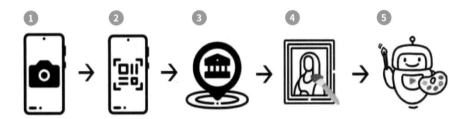

① 스마트폰에서 **카메라 앱**을 실행한다.

② 각 예술가들의 작품 이미지 오른쪽 **QR코드**를 스캔한다.

③ 온라인 미술관 **구글 아트앤컬처**에서 작품을 기가픽셀로 확대하여 감상한다.

④ 스케치로 제공하는 도안을 나만의 색으로 색칠해 본다.

⑤ 채색한 작품을 생성형 AI로 나만의 예술작품으로 창작한다.

1 픽스아트 AI로 창작하기

픽스아트Picsart **앱**

전문가 수준의 콜라주 및 디자인 제작, 스티커 추가, 배경 제거 및 효과 등의
작업을 비롯해 셀카, 레트로 같은 트렌디한 편집 작업을 직접 경험해 볼 수 있
고 최근에는 생성형 AI 기반 사진도 간단하게 제작할 수 있다.

최근 픽스아트Picsart는 PC와 모바일 환경에서 생성형 AI 기능을 제공한다. 특히
모바일 환경에서 가능한 픽스아트 앱은 스마트폰만으로 촬영한 사진이나 이미
지를 **AI 효과**로 변환하거나 **AI 도구**로 텍스트를 이미지로 생성할 수 있어 매우
유용하다.

1) 픽스아트 AI 효과로 창작하기

오른쪽 예시 화면은 고흐의 <아를의 침실>을 채색한 후 스마트폰으로 촬영하
여 다양한 AI 효과로 변환한 과정이다. 앞서 나만의 색으로 색칠한 고흐 작품을
독특한 예술작품으로 변환해 보자.

1) 픽스아트 앱을 실행하여 ① **+ 모두 보기** 버튼을 터치한다.
2) 내 스마트폰의 갤러리에서 미리 촬영한 '내가 채색한 작품'을 선택한다.
3) 아래 메뉴 중 ② **fx 효과 > AI** 버튼을 터치한다. 예시는 AI 효과 중 'Klimt'를 적용하였다.
4) 생성된 작품을 내 스마트폰에 ③ 다운로드한다.

출처: 고흐의 <아를의 침실>을 채색한 후 픽스아트 AI 효과

출처: 고흐의 <아를의 침실>을 채색한 후 픽스아트 AI 효과

2) 픽스아트 AI 도구로 창작하기

1) 픽스아트 앱을 실행하여 ① **AI 도구 〉 텍스트를 이미지로 변환** 버튼을 터치한다.

2) '이미지 설명' 아래 텍스트 입력란에 표현하고 싶은 감정과 상황을 묘사한 ② **프롬프트를 입력**한다.

3) '스타일 선택' 중 ③ 원하는 예술가 화풍으로 터치한다. 예시는 'Van Gogh'를 적용하였다

4) 생성된 작품을 내 스마트폰에 ④ 다운로드한다.

2 챗GPT와 프리픽 피카소 AI Freepick Pickaso AI 로 창작하기

ChatGPT

① **챗GPT에
프롬프트 예시 질문하기**
프롬프트 예시 생성을 위한 질문

② **이미지 생성을 위한
프롬프트 만들기**
표현하고 싶은 감정과 상황 묘사

③ **프리픽 피카소 AI로
예술작품 창작하기**
텍스트를 이미지로 생성

1) 챗GPT에 프롬프트 예시 질문하기

챗GPT에 AI 이미지 만드는 프롬프트 예시를 질문을 통해 쉽게 작성할 수 있다. 프롬프트 예시를 통해 표현하고 싶은 감성과 상황을 묘사하여 다양한 작품을 만들 수 있다.

질문

 You
비오는 날 '기다림'의 감성을 주제로 고흐의 <별이 빛나는 밤> 화풍으로 만들 수 있는 프롬프트를 5개 작성해줘

대답

ChatGPT
비오는 날 '기다림'의 감성을 주제로 고흐의 <별이 빛나는 밤> 화풍으로 작품을 만들 수 있는 프롬프트는 다음과 같습니다:

1.

비 오는 야경: 비 내리는 밤, 도시의 풍경을 고흐의 <별이 빛나는 밤>과 유사하게 그려보세요. 빛나는 가로등과 비에 반사되는 빛, 그리고 비 내리는 하늘에 떠있는 별들의 아름다움을 담아내 보세요. 그 안에 기다리는 인물의 모습을 표현하여 비 오는 밤의 평온한 분위기를 전달해보세요.

2.

우산 아래에서의 회의: 비 오는 밤, 한 사람이 우산 아래에서 기다리는 모습을 그려보세요. 그가 기다리는 대상이나 기대하는 것은 무엇인지 상상하여 고흐의 독특한 색채와 붓질로 표현해보세요. 우산 아래에서 비를 피해있는 모습과 함께, 머리 위로 별이 빛나는 밤의 아름다움을 담아내 보세요.

3.

산책로의 저녁: 비 오는 저녁, 산책로를 걷는 사람들의 모습을 그려보세요. 어두워지는 하늘과 빗방울이 고흐의 특유한 화풍으로 표현되어야 합니다. 그들은 비를 피해 걷거나, 또는 무언가를 기다리는 중일 수 있습니다. 이들의 모습과 주변의 자연을 고흐의 화풍에 맞춰 표현해보세요.

4.

창가에서 바라보는 밤 풍경: 비 오는 밤, 창가에 앉아 바깥 풍경을 바라보는 모습을 그려보세요. 빗울이 창문에 맞는 소리와 별들의 빛이 창밖의 풍경과 어우러져 평온한 기다림의 분위기를 연출해 세요. 고흐의 별이 빛나는 밤과 유사한 감성을 담아내 보세요.

5.

연인들의 만남: 비 오는 밤, 연인들이 서로를 기다리는 모습을 그려보세요. 빗소리와 함께 창문에 친 가로등의 빛이 그들의 만남을 아름답게 비추고 있습니다. 이들의 행복한 순간과 기다림의 감정 고흐의 화풍으로 표현해보세요.

2) 이미지 생성을 위한 **프롬프트 만들기**

챗GPT가 알려준 **[대답]** 중 4번과 5번이 가장 마음에 들었다. 선택한 프롬프트를 다듬어 아래와 같이 이미지 생성형 AI로 질문할 수 있는 번역 결과를 얻어냈다.

> **You**
> "비 오는 밤, 연인들이 서로를 기다리는 모습을 그려보세요. 빗소리와 함께 창문에 비친 가로등의 빛이 그들의 만남을 아름답게 비추고 있습니다. 이들의 행복한 순간과 기다림의 감정을 고흐의 화풍으로 표현해보세요." 영어로 번역해줘
>
> **ChatGPT**
> "On a rainy night, paint the scene of lovers waiting for each other. The sound of rain accompanies the glow of streetlights reflecting off the window, beautifully illuminating their meeting. Capture the joyful moments and emotions of waiting with van Gogh's painting style."

3) 프리픽 피카소 AI로 예술작품 창작하기

프리픽 피카소 AI
이미지 뱅크 웹사이트 플랫폼 프리픽이 AI 드로잉 도구 '피카소^Pikaso'를 공개했다. 프리픽은 사진, 일러스트레이션, 벡터 이미지 등의 보유하고 있는 콘텐츠를 기반으로 강력한 인공지능 피카소 AI 기능을 제공한다.

프리픽 피카소 AI 입장하기 https://freepik.com/pikaso/

스케치를 이미지로 생성하기

프리픽의 피카소 AI가 제공하는 **'스케치를 이미지로 생성하는 기능'**은 간결한 스케치와 텍스트로 높은 퀄리티의 작품을 생성할 수 있다. 앞서 챗GPT로부터 얻은 프롬프트 예시를 다듬어 아래와 같이 압력한 후 스케치를 통해 고흐 화풍의 '빗속의 연인'이라는 아련한 느낌의 작품을 창작할 수 있었다.

[프롬프트]

반 고흐 <별이 빛나는 밤> 화풍으로 비 내리는 연인을 그려 줘. Draw a lover in the rain in the style of Van Gogh's "Starry Night."

① 스케치를 이미지로 생성   ② 프롬프트 입력

③ 브러쉬로 그리기

출처: 프리픽 피카소 AI 화면 중 스케치를 이미지로 변환하는 과정

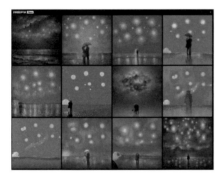

[그림 4-1] 프리픽 피카소 AI에서 제공하는 기능
'Re-imagine'은 하나의 이미지를 여러 개의 변형된
바레이션Variation을 제공

[그림 4-2] 프리픽 피카소 AI로 창작한 이미지 중
필자가 최종 선택한 <빗속의 연인>

텍스트를 이미지로 생성하기

프리픽의 피카소 AI가 제공하는 '텍스트를 이미지로 생성하는 기능'으로 두 개
의 작품을 창작했다. 앞서 챗GPT로부터 얻은 아래의 2개의 프롬프트를 입력했다.

[프롬프트 1]

비 오는 밤, 연인들이 서로를 기다리는 모습을 그려 보세요. 빗소리와 함께 창문에 비친 가로등의 빛이 그들의 만남을 아름답게 비추고 있습니다. 이들의 행복한 순간과 기다림의 감정을 고흐의 화풍으로 표현해 보세요.

On a rainy night, paint the scene of lovers waiting for each other. The sound of rain accompanies the glow of streetlights reflecting off the window, beautifully illuminating their meeting. Capture the joyful moments and emotions of waiting with van Gogh's painting style.

[프롬프트 2]

비 오는 밤, 창가에 앉아 바깥 풍경을 바라보는 모습을 그려 보세요. 빗방울이 창문에 맞는 소리와 별들의 빛이 창밖의 풍경과 어우러져 평온한 기다림의 분위기를 연출해 보세요. 고흐의 별이 빛나는 밤과 유사한 감성을 담아내 보세요.

Draw a scene of sitting by the window on a rainy night, looking out at the outside landscape. Capture the sound of raindrops hitting the window and the light of the stars blending with the scenery outside to create a serene atmosphere of waiting. Please depict it with a similar emotion and painting style to van Gogh's 'Starry Night'

출처: 프리픽 피카소 AI '텍스트를 이미지로 생성하는 기능' 화면

[그림 4-3] 프리픽 피카소 AI에서 제공하는 기능
'Re-imagine'은 하나의 이미지를 여러 개의 변형된
바레이션Variation을 제공

[그림 4-4] 프리픽 피카소 AI로 창작한 이미지 중
필자가 최종 선택한 <빗속의 연인>

달리3 AI로 텍스트를 이미지로 생성하기

앞서 소개한 MS 코파일럿Microsoft Copilot에서 제공하는 Designer AI달리3로 다양한
예술 화풍의 작품을 만들어 보자. 필자는 인상주의 화풍의 세잔과 모네의 화풍
으로 만들어 보았다.

출처: 마이크로소프트 Designer AI(달리3)에서 만든 인상주의 화풍 작품

출처: 마이크로소프트 Designer AI(달리3)에서 만든 인상주의 화풍 작품

4-2 불멸의 화가, 반 고흐

고흐의 삶과 그림 이야기

화려한 색채와 감정의 표현, 깊은 자신의 내면세계로 우리를 인도하는 화가 고흐. 고흐는 자기 내면과 감정을 표현하고 싶은 강렬한 열망과 예술적 탐구로 오늘날 전 세계적으로 사랑받는 화가로서 '불멸의 화가'로 불린다. 37세의 나이로 짧은 생을 마감한 천재 화가 빈센트 반 고흐의 그림은 우리 가슴속에 불멸로 남아 숨 쉬고 있다. 그림을 배운 적도 그린 적도 없던 그는 27세 이후 자신의 감정과 생각을 표현하는 그림에 대한 열망으로 10년 동안 900여 점의 유화 및 수채화, 1,100점의 습작 및 스케치 등 2,000점이 넘는 미술작품을 그렸다.

고흐의 삶은 그림만큼이나 어두웠다. 가난과 심리적 고통을 겪으며 살아갔고, 자기 작품이 인정받지 못해 실망하고 좌절하기도 했다. 실제로 그는 삶을 마감하기 전까지 단 한 점의 그림만이 판매되었다. 아래 <아를의 붉은 포도밭^{Red Vineyards at Arles}> 그림은 고흐가 사망하기 2년 전 프랑스 남부 아를에서 머물면서 천재성이 극에 달했을 때 완성한 그림으로 현대 미술계에서 약 8,000만 달러^{약 950억 원}의 가치로 평가된다.

[그림 4-5] 빈센트 반 고흐 1888년 작품 <아를의 붉은 포도밭Red Vineyards at Arles>
고흐 생전에 판매된 유일한 그림

　고흐의 <아를의 붉은 포도밭>은 1888년에 그린 작품으로, 고갱과 함께 머물렀던 프로방스 지역에서 그린 작품 중 하나이다. 이 작품은 고흐가 아를에 처음 도착한 후 그린 작품 중 하나로, 그의 인상주의 화풍을 잘 보여 주고 있다. 붉은 포도나무와 붉은 지붕의 건물, 그리고 청록색 하늘과 푸른 산들을 조화롭게 묘사하여 자연의 아름다움과 생명력을 찬사하는 그의 마음을 담겨 있다. 고흐는 같은 시기에 단단한 선과 화려한 색채, 강렬한 터치로 오늘날 예술계와 대중문화에 영감을 주고 있는 <별이 빛나는 밤>, <해바라기>, <아를의 침실> 등 대표적인 작품을 남겼다.

아를의 침실, *Van Gogh's Bedroom in Arles*

고흐의 주변 환경은 영감의 원천으로 프랑스 남부 아를에 있는 자신의 침실을 주제로 1888년~1889년에 걸쳐 그린 세 장의 그림 '아를의 그림'이 그랬다. 같은 주제로 그린 고흐의 '아를의 침실' 세 가지 버전은 의자, 바닥, 창문, 그리고 침대를 보면 밝기와 색 대비에 차이가 있다. 작품마다 독특하고 개성 있는 색상과 대담한 붓놀림으로 아늑한 침실을 묘사하여 따뜻함과 편안함을 불러일으킨다. 공간에 깊이감과 입체감을 주는 그림의 색다른 원근감도 인상적이다.

반 고흐의 상징적인 작품 중 하나로 손꼽히며, 눈부신 아름다움과 감성적인 힘으로 오랜 시간 사람들의 마음을 사로잡고 있다. 아래 각 QR코드를 통해 구글 아트앤컬처의 기가픽셀로 <아를의 침실> 세 가지 작품을 비교하며 감상해 보자.

출처: 구글 아트앤컬처

[그림 4-6] 1888년 10월 <아를의 침실>
'암스테르담 반 고흐 미술관 소장

출처: 구글 아트앤컬처

[그림 4-7] 1889년 9월 <아를의 침실>
파리 오르세미술관 소장

기가픽셀로 작품 감상하기

기가픽셀로 작품 감상하기

[그림 4-8] 1889년 9월 <아를의 침실> 시카고 예술대학교 소장

기가픽셀로 작품 감상하기

고흐 작품 <아를의 침실> 색칠하기

해바라기, *Sunflowers*

<해바라기>는 고흐의 유명한 작품 중 하나이다. 오늘날 전 세계 갤러리에서 발견할 수 있는 이 작품은 11개 캔버스 시리즈로 저마다 독특한 그림 스타일로 알려져 있다. 해바라기의 꽃잎과 줄기를 화려한 노란색과 갈색으로 표현하였고, 선명한 색채와 강렬한 터치는 그림에 생동감과 에너지를 불어넣어 준다. 해바라기는 고흐에게 노란색을 연구하기 위한 도구로 다양한 노란색 계열의 색조로 꽃이 활짝 피고, 어떤 것은 시들고 있고, 어떤 것은 수확할 준비가 되어 있다. 이러한 표현은 자연의 아름다움과 순환하는 삶의 본질을 나타낸다.

기가픽셀로
작품 감상하기

출처: 구글 아트앤컬처

[그림 4-9] 1889년 <해바라기> 암스테르담 반 고흐미술관 소장

고흐 작품 <해바라기> 색칠하기

별이 빛나는 밤, *The Starry Night*

<별이 빛나는 밤>은 고흐의 가장 유명하고 대표적인 작품 중 하나이다. 이 작품은 1889년에 그려졌으며, 고흐가 프랑스의 생텍쥐페리에 있는 정신병원에서 입원 중이던 시기에 그렸다. <별이 빛나는 밤>은 고흐 자신의 감정과 내면세계를 투영한 작품으로, 그의 감성과 고통이 묻어나 있다. 밤하늘에 떠 있는 별들과 회전하는 대기, 그리고 멀리 펼쳐진 마을의 모습을 담고 있다.

작품에서 가장 눈에 띄는 요소는 밤하늘에 떠 있는 별들이다. 고흐는 별들을 표현할 때 화려하고 강렬한 색상을 사용하며, 별들의 회전과 움직임을 느낄 수 있도록 터치를 자유롭게 표현했다.

기가픽셀로
작품 감상하기

출처: 구글 아트앤컬처

[그림 4-10] 1889년 <별이 빛나는 밤>,
The Starry Night 빈센트 반 고흐

고흐 작품 <별이 빛나는 밤> 색칠하기

구스타프 클림트의 삶과 그림 이야기

구스타프 클림트는 1862년 비엔나에서 태어난 오스트리아 화가이다. 금세공사인 아버지와 비엔나 사람인 어머니 사이에서 7남매 중 둘째로 가난한 가정에서 자랐다. 클림트는 어린 나이에 예술적 재능을 인정받아 비엔나 예술공예학교에서 공부했다. 이후 전통적인 학술 예술에서 벗어나 새로운 형식을 탐구하려는 운동인 비엔나 분리파를 공동 창립했다.

클림트의 대표 작품으로는 <키스>, <아델레 블로흐 바우어의 초상>, <생명의 나무>" 등이 있다. 이 작품들은 그의 독특한 스타일인 금박, 패턴, 대담한 색상의 표현법을 보여 준다. 클림트는 1918년 스페인 독감이 유행하는 동안 사망했는데, 아르누보 운동의 저명한 예술가 중 한 명으로 생을 마감했다.

아델레 블로흐 바우어의 초상, *Adele Bloch-Bauer I*

<아델레 블로흐 바우어의 초상>은 1907년에 완성된 구스타프 클림트의 그림이다. 이 그림은 비엔나의 부유한 사교계 명사이자 저명한 사업가의 아내인 아델레 블로흐 바우어를 묘사하고 있다. 인물을 장식하는 배경과 장식한 패턴에 반짝이는 효과를 만드는 금박을 사용한 것으로 유명하다. 패턴 장식으로 나선형, 원 및 양식화된 꽃을 포함하여 다양한 모양과 모티프를 표현한 작품이다.

기가픽셀로
작품 감상하기

[그림 4-11] 1903~1907년 <Adele Bloch-Bauer I>, 구스타프 클림트

생명의 나무, *Nine Working Drawings for the Execution of a Frieze for the Dining Room of Stoclet House in Brussels*

클림트의 예술적 성숙을 보여 주는 작품으로 자연과 인간의 조화를 표현하기 위해 다양한 모티브와 색채를 사용했다. 또한, 금박과 모자이크 타일을 사용한 화려하고 반짝이는 효과는 그의 독창적인 예술적 표현을 보여 준다. 클림트는 벨기에 사업가 아돌프 스토클레의 주문으로 스토클레 하우스의 식당을 장식하기 위해 제작했으며, 총 9개의 그림으로 구성되어 있다.

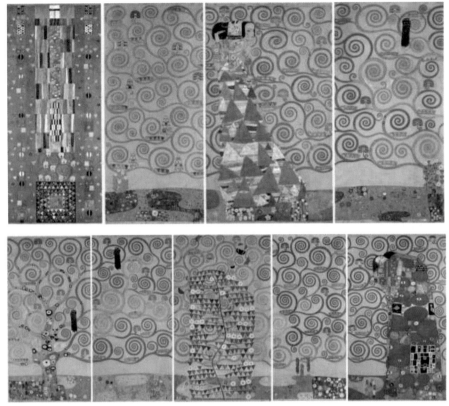

[그림 4-12] 1910~1911년 <Nine Working Drawings for the Execution of a Frieze for the Dining Room of Stoclet House in Brussels>, 구스타프 클림트

기가픽셀로
작품 감상하기

클림트 작품 <아델레 블로흐 바우어의 초상> 패턴 그리기

클림트 작품 <생명의 나무> 패턴 그리기

칸딘스키의 삶과 그림 이야기

바실리 칸딘스키는 20세기 초반 러시아 출신의 화가로, 추상 미술의 선구자 중 한 사람이다. 칸딘스키는 1866년에 모스크바 근처의 Moskva에서 태어났으며, 법률을 전공했다. 뒤늦게 미술에 대한 열정을 발견하고 30대에 예술에 전념하기로 결심했다. 독일과 프랑스에서 미술을 공부한 후, 1914년까지 독일 바우하우스^{Bauhaus} 스쿨에서 교수로 활동했다. 이 시기에 그는 추상 미술 이론을 발전시키고 많은 작품을 창작했다.

바실리 칸딘스키 그림의 독보적인 특징은 '음악의 시각화'이다. 추상적인 형태와 생동감 넘치는 색채를 사용하여 마치 음악의 멜로디를 시각적으로 표현하는 듯 보인다. 특히 색채의 조화와 리듬은 음악적인 감각을 강조하며, 기하학적인 모양과 선은 마치 음악의 박자와 리듬과 같이 작용하여 작품에 동적인 흐름을 표현한다. 이러한 특징들은 칸딘스키의 작품을 단순히 시각적인 예술이 아닌, 음악적인 경험으로서 감상할 수 있도록 한다. 칸딘스키는 이를 통해 예술의 새로운 차원을 탐구하고자 했던 것으로 알려져 있다.

노랑 빨강 파랑, Yellow-Red-Blue. No. 314

바실리 칸딘스키의 <노랑-빨강-파랑> 그림 속 색깔은 귀에 들리고 맛이나 냄새를 맡을 수 있을 것만 같은 공감각이 느껴진다. 예를 들어 높은 트럼펫 음을 레몬색으로, 플루트는 하늘색, 첼로는 짙은 파란색, 오르간의 깊고 엄숙한 소리는 더 깊고 짙은 파란색으로 표현했다. 어렸을 때 피아노와 첼로를 배웠던 칸딘스키에게 형태와 색상은 그에게 악기의 건반이자 현이었다. 바이올린, 플루트, 피콜로 악기는 가느다란 선으로 표현하고 비올라, 클라리넷은 좀 더 굵은 선, 콘트라베이스, 튜바는 더 넓은 폭의 선, 피아노는 점으로 표현했다.

기가픽셀로
작품 감상하기

출처: 구글 아트앤컬처

[그림 4-13] <노랑 빨강 파랑, Yellow-Red-Blue. No. 314>
바실리 칸딘스키 1925, 1960

칸딘스키 작품 <둥근 추상> 채색하기

칸딘스키 작품 <그림이 들리다> 채색하기

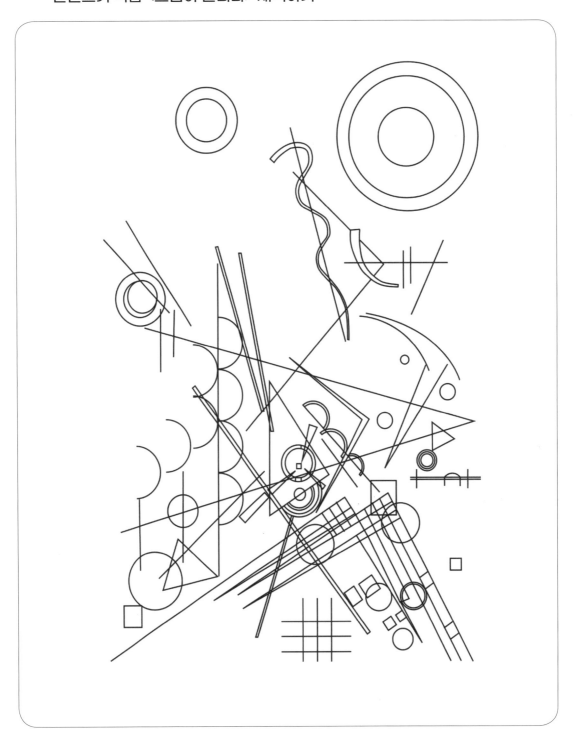

4-5 사랑의 화가, 샤갈

샤갈의 삶과 그림 이야기

마르크 샤갈^{Marc Chagall}은 러시아 출신의 프랑스 화가로 파블로 피카소와 함께 20세기 최고의 화가로 불린다. 샤갈은 1887년 벨라루스^{Belarus}의 비텝스크^{Vitebsk}에서 태어났다. 예술에 대한 열망으로 파리로 떠나게 되어 예술을 공부하고 발전시키게 된다.

샤갈은 품격 있는 사랑과 로맨스의 감정이 깊게 담은 그림을 그려내어 '사랑의 화가'로 불린다. 샤갈은 자기 작품에서 사랑, 가족, 동경 등의 감정을 표현하는 데 큰 관심을 가졌으며, 이를 통해 사랑에 대한 아름다운 이야기를 전달하려 했다. 샤갈의 그림들은 사랑하는 이들이 서로를 감싸는 모습이나 부드럽고 로맨틱한 분위기로 묘사되었다. 샤갈의 그림 특징은 '날아다니는 인물', '이스라엘', '유년 시절 행복한 회상' 등 시리즈로 현실적, 비현실적인 요소가 결합하여 꿈과 상상 속의 세계로 안내하는 창의적인 접근 방식으로 유명하다.

시골에서, *In the countryside*

<In the countryside>는 샤갈의 유년 시절 러시아 시골 풍경을 묘사한 작품이다. 푸른 언덕, 붉은 지붕의 집들, 풀밭에서 뛰어노는 아이들 등 평화로운 시골의 모습을 담고 있다. 샤갈 특유의 환상적인 요소들이 작품 곳곳에 숨겨져 있어 현실과 상상이 뒤섞인 독특한 분위기를 자아낸다.

기가픽셀로
작품 감상하기

샤갈 작품 <생일> 채색하기

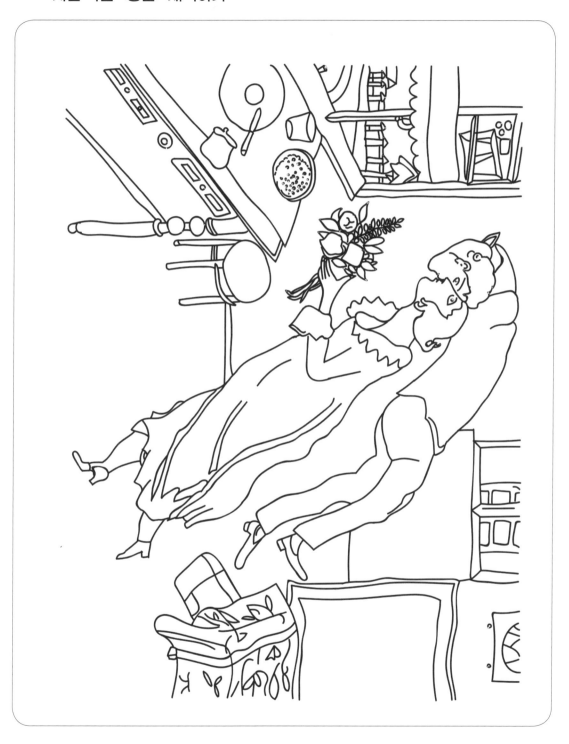

샤갈 작품 <에펠탑의 신랑신부> 채색하기

4-6 입체를 그린 화가, 피카소

피카소의 삶과 그림 이야기

파블로 피카소^{Pablo Picasso}는 20세기를 대표하는 스페인 출신의 화가로, 광범위한 예술적 창조성과 혁신적인 작품으로 유명하다. 피카소는 1881년 스페인의 말라가에서 태어나, 어려서부터 놀라운 예술적 재능을 보였다. 어렸을 때 그의 아버지가 화가이자 미술 교사였던 영향으로 예술에 관심을 가졌고, 13세에는 바르셀로나의 예술학교에 입학했다. 이후 그는 파리로 이주하여 세계적인 화가들과 함께 교류하며 영감을 받아 파격적인 작품을 창조했다.

파블로 피카소는 다양한 그림 기법을 사용하여 그의 작품을 창조했다. 그중 큐비즘은 물체를 다양한 각도에서 보이는 것처럼 그려낸 기법이다. 물체를 기하학적인 형태로 분해하고 재조합했다. 피카소는 또한 형태를 왜곡하여 감정이나 표현을 강조했는데, 이런 형태의 변형은 그의 작품을 독특하게 만들었다. 색채역시 피카소가 주목한 요소 중 하나이다. 그는 밝은색과 진한 색을 대조적으로 사용하여 그림에 생동감을 불어넣었다. 선은 주제의 윤곽을 나타내거나, 공간을 분리하고 형태를 강조했다.

Buste De Femme Nue Face

<Buste De Femme Nue Face>는 피카소의 그림에 자주 등장하는 주제인 여성 초상화 중 하나이며, 여성의 신비로운 아름다움과 우아함을 강조하고 있다. 이 그림은 피카소의 특유한 스타일로 간소한 선으로 형태를 표현하고 있다. 여성의 몸은 곡선과 각선의 혼합으로 그려져 있으며, 얼굴은 단순한 선들로만 표현되어 있지만, 눈은 강렬하게 빛나고 있어서 관찰자에게 강한 인상을 준다.

기가픽셀로
작품 감상하기

피카소 작품 <꿈> 채색하기

피카소 작품 <우는 여인> 채색하기

5장

디지털 아트로
N잡 하기

AI는 예술과 디자인의 경계를 허물며 새롭고 흥미로운 창작 경험을 주고 있다. AI 예술의 가장 주목할 만한 트렌드는 '개인화된 예술작품'이다. 자신만의 독특한 예술작품을 디자인에 반영하여 개인적인 스타일과 취향의 티셔츠나 포스터 등 소량의 커스텀을 제작하는 굿즈 제작 플랫폼들이 인기를 끌고 있다. 앞서 소개한 동서양 예술을 경험하고 만든 디지털 아트 작품을 세상에 단 하나뿐인 커스텀 굿즈로 만들어 보자.

1 굿즈 제작 업체 알아보기

1) 마플 https://https://www.marpple.com

마플은 의류, 패션 잡화, 쿠션, 패브릭 제품, 문구 오피스 등 커스텀 굿즈 제작 전문 플랫폼이다. 높은 퀄리티로 개인뿐 아니라 대기업, 스타트업, 학교, 방송사 등 기업 홍보물 굿즈 제작으로도 유명하다.

2) 비즈 하우스 https://www.bizhows.com

비즈하우스는 초보자도 저작권 걱정 없이 다양한 폰트와 디자인 요소를 제공하는 '미리캔버스' 툴에서 디자인한 후 바로 주문할 수 있는 굿즈 제작 쇼핑몰이다. 머그컵, 달력, 엽서 등 다양한 굿즈를 비교적 저렴한 단가에 소량으로 주문제작할 수 있다.

3) 레드프린팅 https://www.redprinting.co.kr

레드프린팅은 인쇄 퀄리티와 색감이 좋아 연하장이나 스티커, 엽서류의 굿즈 제작 시 자주 이용하는 쇼핑몰이다. 머그컵, 다이어리뿐 아니라 패브릭류 등 다양한 굿즈를 제작할 수 있다.

4) 오프프린트미 https://www.ohprint.me

위블링에서 운영하는 오프린트미는 굿즈를 소량 제작하고 판매도 해 볼 수 있는 어라운드도 운영하고 있다.

2 편집 & 주문하기

앞서 소개한 굿즈 제작 쇼핑몰들은 주문 과정에 자체 편집 기능이 있어 그래픽 디자인 도구를 다루지 못하는 초보자들도 쉽게 원하는 대로 편집하고, 완성된 제품을 3D로 미리 보기를 한 후 주문할 수 있다.

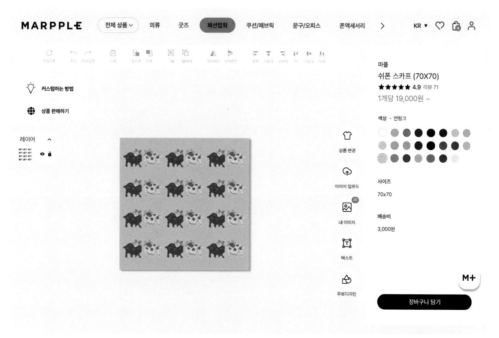

출처: 굿즈샵 마플(marpple.com)

[그림 5-1] 마플에서 전통 문양 디지털 아트로 '스카프' 제작을 위해 편집하는 화면

[그림 5-2] 마플에서 디지털 아트로 '에코백' 제작을 위해 편집하는 화면

3 굿즈 제작 사례

▪ 도자기 컵 코스터

작품 원본	구스타프 클림트 〈아델레 블로흐바우허의 초상〉 AI 아트 작품
제작 플랫폼	레드 프린팅 https://www.redprinting.co.kr
카테고리	가게 용품 〉 코스터 〉 규조토 코스터

출처: 레드프린팅 https://www.redprinting.co.

출처: ㈜이티랩

[그림 5-3] '디지털 문화예술 AI 아트' 교육생 작품

▪ 살아 숨 쉬는 산수화 비단 족자

작품 원본	AI로 채색산수화 작품(김홍도의 《해동명산도첩》 도안)
제작 플랫폼	레드 프린팅 https://www.redprinting.co.kr
카테고리	디지털 인쇄 〉 패브릭/잡화 〉 월 아트 〉 비단 족자 s

출처: 레드프린팅 https://www.redprinting.co.

[그림 5-4] 'AI로 채색한 산수화' 비단 족자

■ 전통 문양 스마트폰 케이스

작품 원본	전통 단청 디지털 아트
제작 플랫폼	마플 https://www.marpple.com
카테고리	폰 액세서리

출처: 마플 https://www.marpple.com/

[그림 5-5] 마플 주문 화면

출처: ㈜이티랩

[그림 5-6] '디지털 문화예술 AI 아트' 교육생 작품

■ 아트 패션 스카프

작품 원본	구스타프 클림트 〈생명의 나무〉 AI 아트
제작 플랫폼	마플 https://www.marpple.com
카테고리	패션 잡화 〉 스카프 머플러

출처: 마플 https://www.marpple.com/

[그림 5-7] 마플 주문 화면

출처: ㈜이티랩

[그림 5-8] '디지털 문화예술 AI 아트' 교육생 작품

1인 크리에이터 시대! 굿즈를 판매하는 크리에이터들이 주목받고 있다. 어디서 나 쉽게 구할 수 있는 것보다 나만의 독특한 것을 찾는 MZ 트렌드로 말미암아 굿즈 수요가 더욱 높아지고 있어 AI 아트로 자신만의 독창적인 굿즈를 제작하고, 다양한 판매 채널을 통해 팬들에게 선보일 수 있다. 또한, 굿즈 판매는 수익 창출 뿐만 아니라 팬덤을 만족시키는 요소로 작용한다. 굿즈 판매에 관심이 있다면 각 채널의 특징과 장단점을 살펴보고 내 상황에 맞는 채널을 선택해 보자.

1 나만의 굿즈 판매 채널 찾기

1) 인스타그램

Instagram

인스타그램은 크리에이터 활동과 더불어 스토리와 릴스 등 다양한 기능으로 굿즈 를 홍보할 수 있다. 단 고객 문의 창구가 없어 DM과 댓글을 활용하여 소통해야 하 는 번거로움이 있다.

장점: 수수료 저렴, 빠르게 시작 가능, 기존 팬 활용
단점: 노출 제한, 결제 시스템 구축 어려움, 디자인/기능 제한

2) 블로그 마켓

네이버 블로그 마켓은 블로그 이웃관계를 기반으로 온라인 상거래에 네이버페이를 결합했다. 단 블로그 마켓은 개인사업자로서 사업자 대표가 본인의 블로그 아이디 로 신청해야 한다.

블로그마켓

Instagram

장점: 무료 테마와 레이아웃으로 쇼핑몰 오픈이 간편하여 빠르게 개설. 수수료 저 렴, 네이버페이 결제, 기존 블로거 이웃 활용.
단점: 통신판매업 신고 필요. 개인사업자 등록자만 가능. 이웃과 댓글로 소통으로 고객관리

3) 스마트 스토어

네이버의 쇼핑몰 구축 솔루션인 스마트 스토어를 통해 굿즈 스토어를 손쉽게 오픈할 수 있다.

장점: 전문적 스토어 구축, 다양한 상품 관리, 네이버 쇼핑 연동
단점: 사업자등록증 필요. 판매금액 2~5% 수수료 지급, 경쟁 치열, 네이버 플랫폼 의존도가 높아 네이버 광고, 체험단 후기 필요

4) 크라우드 펀딩

텀블벅은 창의적인 시도를 함께 실현시키는 펀딩 커뮤니티이다. 문화예술, 출판, 패션, 게임 등 다양한 분야의 크리에이터들의 프로젝트를 심사를 거쳐 후원받을 수 있다.

tumblbug

장점: 사전 자금 확보, 팬 소통, 아이디어 검증, 재고 문제없음, 사업자등록증 없이 개인 판매 가능
단점: 목표 달성 실패 가능성, 수수료 발생, 제작 과정 불만

5) 크리에이터 굿즈 판매 숍

굿즈 제작과 동시에 판매 대행이 가능한 플랫폼으로 마플샵, 샵팬픽 등이 있다. 사업자등록 없이 누구나 굿즈 판매를 시작할 수 있으며, 크리에이터가 굿즈 디자인만 등록하면 제작부터 배송까지 플랫폼에서 대행이 가능하다.

MARPPLE

장점: 별도 입점 수수료 없음. 전문적 서비스, 편리한 판매 시작, 다양한 제작 옵션. 사업자등록증 없이 개인 판매 가능
단점: 수익률 낮음, 플랫폼 의존도 높음, 디자인/제작 옵션 제한

2 굿즈 판매 채널 선택 시 참고하기

1) 팬들의 접근성이 쉬운 판매 채널 선택하기

고객 입장에서 크리에이터의 굿즈를 사고 싶어도 회원 가입이 꼭 필요하거나 결제 방식이 복잡하다면 구매를 포기할 가능성이 크다. 접근하기 쉽고 결제가

편리한 판매 채널을 선택하는 게 중요하다.

2) 판매 채널별 수수료 비교하기

판매 채널에 따라 수수료 부과 방식이나 수수료율이 모두 다르므로 자세히 비교해 볼 필요가 있다.

3) 사업자등록 시 채널별 업종 코드 확인하기

스마트 스토어를 이용하려면 '전자상거래 소매업[525101]'을 선택하고 인스타 마켓 혹은 블로그 마켓으로 굿즈를 판매하고 싶다면 'SNS 마켓[525104]'으로 등록하면 된다.

5-3 NFT 마켓에 작품 등록하기

블록체인을 통해 디지털 아트의 원본에 대한 소유권을 정확히 보여 주고 명확한 가치를 제공한다는 점에서 많은 크리에이터가 NFT 마켓에 작품을 등록한다. 나만의 디지털 아트 작품에 소유권을 갖고 싶다면 NFT 아트로 등록해 보자. NFT 아트를 사고파는 마켓 플레이스 중 초보자도 입문하기 쉬운 국내외 마켓 플레이스를 소개한다.

오픈씨 opensea.io

현재 세계 최대의 종합 NFT(대체 불가능한 토큰) 거래 플랫폼으로 가장 많이 알려져 있다. 누구나 제한 없이 자유롭게 작품을 올려(민팅) 팔 수 있고, 그 과정도 간단하다. 무료부터 수천억 원을 호가하는 예술품까지 구경만 해도 최근 NFT 트렌드를 알 수 있다. 별도의 민팅 비용이 들지 않고, 판매 수수료가 2.5%로 비교적 저렴한 것도 장점으로 꼽힌다.

라리블(Rarible) rarible.com

다양한 종류의 NFT를 취급하고, 트위터와 같은 소셜미디어의 요소를 도입한 것이 특징이다. 관심 있는 NFT 크리에이터를 팔로우하면 새로운 NFT가 출시될 때 알람을 받을 수 있어 편리하다.

슈퍼레어 (SuperRare)

누구나 NFT를 판매할 수 있는 것이 아니라, 엄선된 NFT 아트만을 취급하는 거래소로 오픈씨와 차별화하고 있다. 슈퍼레어의 특징은 세상에 하나뿐인 단일 에디션만 취급한다. 마켓 한국의 작가 '미스터미상'의 작품이 약 5억 원에 거래된 것으로 알려진 곳이기도 하다. 예술 분야에 관심이 많고 높은 수준의 NFT 수집가들에게 인기가 많다.

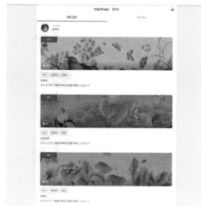

클립드롭스(Klip Drops) klipdrops.com

카카오 블록체인 자회사 그라운드X가 운영하는 클립드롭스는 최대 장점은 접근성. 카카오톡에서 이용 가능한 디지털 자산 지갑 클립(Klip)을 통해 로그인하고, 거래에 필요한 클레이(Klay)를 보관할 수 있다. 하루에 한 작가를 집중 조명해 작품을 판매하는 '1D1D'를 비롯해 유저 간 디지털 아트를 사고팔 수 있는 '마켓(Market)', 다양한 장르를 아우르는 크리에이터들의 굿즈와 컬렉터블스를 포함한 NFT를 수집할 수 있는 '디팩토리(dFactory)'까지 다양한 서비스를 제공한다.

클립드롭스의 또 하나의 특징은 전통 예술과 현대 디지털 아트를 아우른다는 점이다. 실제 전통적인 회화, 조각, 미디어 아트 등 각 분야 전통 예술 크리에이터들이 nft 아트를 등록한 후 판매하고 있다.

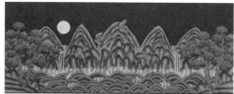

출처: 클립드롭스 작품 상세 화면

[그림 5-9] 일월오봉도 by 김리아

아래는 NFT 마켓에 등록하는 단계이다.

STEP 1 작품^{디지털 아트} 준비하기

먼저 NFT 형태로 판매하고 싶은 작품을 창작하고 디지털 파일을 준비해야 한다. 이 과정에서 저작권, 초상권을 침해하지 않도록 주의해야 한다. 타인의 저작물을 이용해 NFT를 발행·판매하는 경우 작품 도용, 저작권 문제가 발생할 수 있다.

STEP 2 NFT 마켓 선택하기

각 마켓 플레이스의 거래 단위, 수수료, 등록 방법 등에 차이를 알아보고 선택한다. 예로 해외 마켓의 경우 오픈씨는 이더리움을 이용하여 거래 수수료를 지급한다.

STEP 3 지갑 연동하기

원하는 마켓을 선택했다면 나의 창작물이 유일한 원본이라는 것을 증명하고, 작품 등록 과정에서 발생하는 수수료를 지급해야 하므로 지갑 연동이 필수이다. 예를 들어 NFT 거래에서 현재 가장 많이 사용되고 있는 것은 이더리움 블록체인인데, 이더리움 네트워크상에서 NFT를 만들기 위해서는 이더리움 토큰[ETH]을 담을 수 있는 디지털 자산 지갑이 필요하다.

STEP 4 작품 등록하기

지갑을 연동했다면 작품을 업로드한다. 작품의 이름과 설명, 작품 판매 시 로열티 비율, 해당 작품의 시리즈가 있다면 몇 개를 발행할 것인지 등 작품을 올릴 때 필요한 기본 요소를 입력해야 한다. 또한, 저작자 이름과 창작일, 저작권 양도 여부 등을 선택해야 하는 경우도 있다.

<참고 자료 및 출처 >

한국저작권위원회 | 생성형 AI 저작권 안내서

안목에 대하여 | 필리프 코스타마냐 저/김세은 역 | 아날로그(글담)

새로운 사군자의 세계 | 송수남 저 | 재원미술신서 54

오픈AI ChatGPT https://chat.openai.com

구글 아트앤컬쳐 https://artsandculture.google.com/?hl=ko

대구간송미술관 http://kansong.org/collection/hunminjeongwum

넥스트 렘브란트 https://news.microsoft.com/europe/features/next-rembrandt

마이크로소프트 코파일럿 https://www.bing.com/chat?form=NTPCHB

프리픽 피카소 AI https://freepik.com/pikaso

굿즈샵 마플 https://https://www.marpple.com

비즈 하우스 https://www.bizhows.com

레드프린팅 https://www.redprinting.co.kr

오픈프린트미 https://www.ohprint.me

오픈씨 https://opensea.io

라리블(Rarible) https://rarible.com

슈퍼레어(SuperRare) https://superrare.com/

클립드롭스(Klip Drops) https://klipdrops.com

업비트 투자자보호센터 https://m.upbitcare.com/academy/education/nft/129

한국민족문화대백과사전 https://encykorea.aks.ac.kr

문화포털 https://www.culture.go.kr/tradition/traditionalPattern.do?type=A

전통문양포털 https://www.kculture.or.kr

전국박물관소장품검색 e뮤지엄 https://www.emuseum.go.kr

인공지능과 예술의 만남

AI 챗GPT
디지털 예술가 되기
AI · DIGITAL ART CLASS

| 2024년 | 4월 17일 | 1판 | 1쇄 | 인 쇄 |
| 2024년 | 4월 24일 | 1판 | 1쇄 | 발 행 |

지 은 이 : 주혜정 · 김미경 · 강우리 · 홍한들 공저

펴 낸 이 : 박　　　정　　　태

펴 낸 곳 : **주식회사 광문각출판미디어**

10881
파주시 파주출판문화도시 광인사길 161
광문각 B/D 3층
등　　록 : 2022. 9. 2 제2022-000102호
전　화(代): 031-955-8787
팩　　스 : 031-955-3730
E - mail : kwangmk7@hanmail.net
홈페이지 : www.kwangmoonkag.co.kr

ISBN : 979-11-93205-23-5　93000

값 : 17,000원

한국과학기술출판협회
Korean Science & Technology Publisher Association

저자와 협의하여 인지를 생략합니다.

표지 디자인 by. 주혜정